JN113216

父から子に伝えたい
ビジネスと人生の教え

幸せは不幸な出来事を装ってやってくる

BUSINESS AND LIFE STORY

大石 吉成［著］ Yoshishige Oishi

マネジメント社

《プロローグ》

あれから十年、また桜が咲いた

私には二人の娘と一人の息子がいる。

娘たち二人は私の家の近くでそれぞれ家庭を持って暮らしている。息子は末っ子で長男だ。彼は現在、シカゴにある日系企業のアメリカ本社でサラリーマンをしている。子どもたちそれぞれに子どもができ、私の孫は現在五人、みんなやんちゃで元気な男の子だ。この冬、長女にもう一人生まれる。長女は女の子がほしいそうだ。私は密かに男の子でいいぞと思っている。

わが家は東京の下町にある、二軒続きの借家だ。以前はネクタイ屋だったそうで、一階を事務所兼私の書斎にしている。二階に居間と寝室、三階が屋根裏部屋になっている。

妻との二人暮らしだが、毎朝孫が三人やってくる。長女みなこ、次女かなこのマンションが私の家からどちらも五百メートルという近さのせいだ。孫はまだ七歳、四歳、三歳と手がかかる時期だが、そのお陰で朝から毎日賑やかである。

妻は三人の子を育て上げたのに、「またもう三人育てなあかん」と少々ご不満である。しかも冬にはもう一人増えることになる。

　長女みなこはもう三十六歳になる。名古屋にある大学の看護学部を卒業し、現在看護師として働いている。夫はニュージーランド人で、かつてはプロゴルファーだったが、今はプロキャディーをしている。子どもは三歳の男の子、冬にもう一人生まれる。コロナウイルス禍の影響をもろに受け、夫の仕事はゼロ。毎日長女に代わって主夫をしている。三歳の子の日本語についていけなくてオロオロしている。

　次女かなこは三十三歳。オーストラリアの大学を卒業後、ニューヨークで暮らしていたバリバリのキャリアウーマン。私の会社が倒産したため心配して帰国した。そして、東京で外資系企業に勤めていたが、結婚を機に退社。二人の男の子を育てながら、現在は不動産エージェントをしている。夫は川崎の大地主の次男坊。実家が没落したのが我が家と同じと意気投合したのか、知り合って早々に結婚。現在、プロゴルファーのマネジメント会社を経営している。こちらもコロナウイルス禍が影響して開店休業中のようなもの。忙しく働く次女の手足となって活躍中である。

　長男まさあきは三十一歳。シカゴで二人の男の子とアメリカ人の嫁と暮らしている。仕事は日系メーカーのアメリカ本社でシニアマネジャーをしている。新型コロナウイルスの感染が日本よりもひどく毎日在宅勤務らしい。家事、子育てが苦手な嫁に代わり家事一切をしている。我が子の中で一番女性らしい。性格も優しく真面目で几帳面。仕事ができ、家事ができる。娘婿にするなら最高だろう。

私たち夫婦が東京に出てきて十年になる。二〇一〇年の春に私はそれまで経営してきた建設資材販売会社を負債総額四十五億円で倒産させた。その秋に妻と二人で今の下町の家にやってきた。会社をはじめ家、財産すべてを失くしての失意の上京だった。

なぜ東京だったのかとよく聞かれる。ただなんとなく次の人生を始めるのなら東京だと勝手に思い込んでいたとしか言えない。なんの地縁もなく、誰といった知人もなくやってきた。

下町の借家に決めたのは、たまたま妻の友人がこのあたりに住んでいたからというもの。その友人の紹介の地元不動産屋で見つけたのが今の借家だ。

私は大学を卒業後すぐに父親が経営する会社に入社した。三十歳で父親に代わり社長になった。五十三歳のその年まで社長しかしたことがなかった。私の妻も同様に社長夫人であったことしかなかったわけだ。

そんな世間知らずの二人が、二人だけで東京の地で暮らせるのか不安があった。じつはわれわれ本人たち以上に子どもたちが不安に思っていたようだ。まず当時ニューヨークで仕事をしていた次女かなこが帰国し、一緒に暮らすことになった。かなこがいなければ、私たち二人では借家契約ができなかった。

友人の知り合いの不動産屋がいいよと言っても、家主が了解してくれなければ契約できない。何しろ私は倒産後まだ半年の無職無収入、妻も同様無収入。今後の仕事の目途も何もない中で、当然家主がいい顔をするはずがない。

かなこが早速に外資系企業に勤めてくれることが決まったお陰で、次女との契約ならできるということで無事住めることになった。こんな調子で私と妻の東京生活が始まった。

そうこうするうち、長女みなこも同じようにニューヨークから帰国。彼女もまた借家近くの総合病院で看護師として勤務し始めた。一年後にはシアトルにいた長男まさあきも一年間だけの約束で帰国。彼も東京で外資系企業に勤め始めた。そんなことで気がついてみると、東京下町の借家に家族五人がそろって暮らすことになった。

その後、子どもたちが次々と競うように結婚した。一人が決めるとあれよあれよという間に次々に決まっていった。破産者である私にはまるで経済力がないので、それぞれみんな自分の力で結婚してくれた。

私が親しくしている友人の奥さんは、私たち家族みんなが近くで住んでいることを知ってこう言ったことがある。

「なにもそんなに家族みんなでひっついて暮らさんでもいいのに」と。

社長をしていたころの私なら同じように思ったかもしれない。しかし、父親にお金がなくなると自然とこうなるものだ。家族が肩を寄せ合い、支えあって生きるしかないのだ。お金がある人には決してわからないだろうなと思う。

私は会社を倒産させたことで、お金だけでなく多くのものを失くした。家や財産だけでなく、たくさんの人たちとの関係、そして地位、名誉、権威といったものまで一瞬にして失くしてしまった。すべてのものを失くした後に残っていたのが家族だった。

私が会社経営を続けていたなら、子どもたちが帰ってくることなど決してなかっただろう。長女と次女はそのままニューヨークで仕事をしていたかもしれない。長男も日本に帰国することなくアメリカのどこかで暮らしていただろう。おそらく彼らが慌てて結婚することなど決してなかっただろう。

私の破産がなければ、私と妻二人で郷里・淡路島の家で暮らしていたと思う。今の私たち家族は決して不幸ではない。しかし私の破産が子どもたちの人生を変えたことは事実であり、申し訳ないことをしたと思っている。

今日も朝早くから孫たちの声で目が覚める。食事をとるのも大人数で騒がしい。お風呂に入って孫たちの体を洗うのも一仕事。とにかく毎日毎日が賑やかで騒々しい。

まさか東京でこんな暮らしが待っていたなど想像さえしなかった。私は今、東京下町で日々幸せを感じながら暮らしている。余分なお金はないけれど、なんとか毎月暮らせている。娘たち夫婦が近くで幸せに暮らしてくれている。孫たちが毎日笑わせてくれる。私は破産したお陰でこんなにも幸せである。私がときたまそう言うと妻と娘に叱られる。

私は会社をはじめ子どもたちに継がせようとしたもののすべてを失くした。それでもなお私が子どもたちに残せるものがあるに違いない。私が経営者として何を考え、何をしてきたのか話してみたいと思う。

私が社長をしていたとき、どんな人たちと巡り合い、どんな経験をし、どんな想いであったのか。そして会社の倒産、個人の破産という大きな挫折が、私にどれだけの衝撃と打撃となったのか。その後、私がどうして挫折から立ち上がることができ、再び歩き出すことができたのか。

そうした経験から得られたものは、決して少なくない教訓として、私の子どもたちにぜひ伝えておきたいと思っている。

倒産後十年。私の中で一つの区切りがついたような気がしている。会社を倒産させたことでたくさんの人たちに迷惑をかけた。この十年間はその人たち一人ひとりへの贖罪の時間として生きよう。私ができるせめてものお詫びが身を慎み静かに生きることだ。そう心に誓い過ごしてきた。

十年で許しをもらえたわけではないけれど、それでも十年の歳月は決して短くはない。これから残された人生をあらためて自分を生きる時間としたい。

私の子どもたちそれぞれがビジネスパーソンとして生きている。彼らに伝えておきたいことはすべてのビジネスパーソンにもきっと役立つに違いない。中小企業経営者が、己の不徳のせいで会社を潰した。いまどき何も珍しくもない話だが、私の生きざまをさらすことで、ビジネスパーソンに必要な問題解決のヒントとなる点と点がつながるかもしれない。そんなことを密かに期待している。

コロナウイルス禍、誰もが先を見通せず不安な思いで暮らしている。私たち夫婦が上京して十度目の春を迎え、上野公園の桜がまた咲いた。家族が支え合い、励まし合いながら生きてさえいれば、またみんな揃って来年の桜を楽しむことができる。

大石 吉成

もくじ◎幸せは不幸な出来事を装ってやってくる

プロローグ　あれから十年、また桜が咲いた ― 3

第1章　リーダーの話をしておこう

エピソード1　リーダーは率先垂範を旨とする ― 18
―周りから好かれる経営者の真実
エピソード2　リーダーに仁徳がなければ組織が危うい ― 26
―他人への思いやりがない経営者の会社は活気に欠ける
エピソード3　リーダーに信失くば、メンバーの心が離れる ― 32
―経営者が最も恐れるべきことは社員からの信頼を失うこと
エピソード4　リーダー次第で組織が変わる ― 38
―経営者がバカでありながら会社が勝手にうまく回ることはない
エピソード5　リーダーに九思あり ― 44
―リーダーの心構えを九つ挙げておく
エピソード6　リーダーは独りでいるときこそ言動を慎め ― 49
―でたらめな経営者は他者の目が届かないと自らを貶める

第2章 人間関係の話をしておこう

エピソード7 己を欺かず、他者を欺かず——他者との関係で悩む以前に己の気持ちを偽らず素直であれ 56
エピソード8 〝友は選ぶもの〟と知れ——誰とでも仲良くしなさいとは所詮無理なこと 62
エピソード9 感情が心を乱す——「人間関係が…」と言う前にまず自分の感情を整える 68
エピソード10 人物評価が正しければ、判断を誤らない——相手を正しく評価すると接し方を誤ることがない 74
エピソード11 とことん相手を思いやれ——相手の気持ちを考えることができれば人間関係で悩むことはない 80
エピソード12 親子関係は難しい。兄弟姉妹の関係はさらに厄介だ——お互いの信頼、譲歩がなければ身内ほど関係性が悪くなる 86

第3章 経営の話をしておこう

エピソード13 経営するということは、生涯学び続けること 94
——経営者には誰もがなれるが、経営し続けることは難しい

エピソード14 経営者は会社の使命を語れ 100
——経営者が使命を軽視し放棄することは自滅に等しい

エピソード15 物事に大事と小事あり、事を成すには優先順位が肝要 106
——経営の要諦は本質を見極め、何を先に何を後にするかに尽きる

エピソード16 経営には徳治と法治がある 112
——仁徳による経営とルールを優先した経営がある

エピソード17 人材採用、登用が企業の命運を左右する 118
——意外にも経営者は人事が苦手である

エピソード18 事業の見極め、見直しは経営者の仕事 124
——事業は経年劣化が避けられない。見直せるのは経営者だけだ

第4章 お金の話をしておこう

エピソード19 会社は利益を上げるためにある——経営に慣れると利益を上げるという当たり前のことを忘れる 132
エピソード20 会社経営は手元資金が何よりも大切である——コロナ禍で企業の手元資金の多寡が生死を分けている 138
エピソード21 返済する自信がなければ借金はしてはいけない——借入金は利益から返済することを忘れるな 144
エピソード22 無利子と高利のお金を借りてはいけない——事業の見切りどき、会社のやめどきを見逃すな 150
エピソード23 事業資金がなくても商いはできる——借入金ありきではなく、商売ありきである 156
エピソード24 優先順位、資金繰りが第一、損益計算は第二——倒産の直接の原因は損益計算の黒字化に固執したから 162

第5章 人生の話をしておこう

エピソード25 たくさんの人のお陰で生きている——飛び込んだ力で浮かぶ蛙かな 170

エピソード26 誠心誠意、全力を尽くす——人は真っ当に生きていたなら何も問題はない 176

エピソード27 摩訶不思議なもの。それは人と人との関係——すべてを失くした後に残るもの 182

エピソード28 妻をめとらば才たけて、みめ美しく情けある——私は妻のお陰で生きている。これには我が子も異論がないだろう 188

エピソード29 人生、何が幸いするかわからない——父親を反面教師にしたのか、我が子たちは善人を伴侶とした 194

エピソード30 幸せは不幸な出来事を装ってやってくる——耐え難い災難や大きな挫折は真摯に向き合うことで活路が開ける 200

エピローグ みんなに等しくビジネスチャンスがある 206

第1章

リーダーの話をしておこう

Episode **1**

リーダーは率先垂範を旨とする

周りから好かれる経営者の真実

私は二十四歳で父親が経営する淡路島の建材会社に入社した。三十歳で父に代わり社長になった。その当時出会ったM社長の話をしておこう。

M社長は淡路島で最も大きな地場ゼネコンの社長だった。私が初めて出会ったのは入社まもなく、父と二人で得意先に入社の挨拶をして回っていたときだ。とにかく初めの印象が強烈だった。

開口一番、「お前が大石の息子か。お前の結婚相手はわしが決める。勝手にしたらあかんぞ」と言われた。大学を出てすぐの私はM社長の言うことが理解できず、ただただ驚くばかりであった。建設業界とはこんなところなんや、えらいところに入ったものやと正直思った。

その後、そんな話があったことなどすっかり忘れていたある日、会社に地元青年会議所の先輩が私を訪ねてきた。先輩の話は、「いい娘がいるので見合いしないか」というものだった。

私自身そろそろ結婚相手を探さねばと考えていたので、その話をお受けすることにした。そして、見合い会場の割烹へ出かけてみると、相手の女性はその先輩の長女であった。つまり君たちのお母さんだ。先方は先輩夫婦と娘さん、私は一人ということで、今思えば私の品定めであった。

一週間後、先輩、つまり君たちの祖父から電話が入り、「お前、一体うちの娘どないするつもりや!!」と言われ、慌てて娘さんに連絡することになった。そして、その日のうちに私たちは結婚することを決めた。結婚式の日取りと会場まで決定した。

私の両親にはその後に伝えた。父親はあまりの急展開で驚いていたが、母親は心から喜んでいた。そう、君たちのお父さんとお母さんは出会って一週間後、しかも二回しか会っていないのに結婚を決めたのだ。二人とも相当の慌て者かもしれない。そんな私たち夫婦も今年で結婚三十八年を迎えた。

みなこ、かなこ、まさあきと君たちの結婚が次々と瞬く間に決まっていくとき、私たち夫婦が一切何も言わなかったのがこれで肯けるかもしれない。粗忽者の親にして粗忽者の子どもたちだから、なるようになるさとお母さんと笑った。

先々を見据えるM社長の眼力

話をM社長に戻そう。結婚を決めたのはいいのだけれど、私は二年前のM社長の言葉が気にかかっていた。結婚を決めた翌日、慌ててM社長のところに走った。

「M社長、じつは昨日T家の娘と結婚を決めました。よろしかったでしょうか」という私に、M社長はしばらく私の顔をじっと見たままニヤニヤしていた。

しばらくして、「そりゃよかった、ええ話や。めでたいわ」と言ってくれた。

私は、勝手に結婚を決めたと怒られたらどうしようと思っていたので、本当に心からほっとした。

M社は淡路島の公共工事の受注で社業が発展成長していた。完工高はピークで三百億円を超す有力地場ゼネコンであった。

時代はバブルの最盛期だ。中でも淡路島は港湾工事、ダム工事、農場整備工事のみならず、淡路島を縦断する高速道路と鳴門大橋に続き、明石海峡大橋などの巨大公共工事が目白押しであった。そのうえ時代は日本全国リゾートブーム。淡路島だけで一兆円規模のリゾート施設建設計画があり、すでに一部着工しているという状況だった。

M社のみならず淡路島の建設業界自体がバブルな環境にあった。私の会社も当然その恩恵を十分に受けていた。そんな狂喜乱舞したとも言える業界環境にあって、M社長だけが、今にして思えば「先を見ていた」。いつかこの浮かれたような状況が落ち着くときが必ず来ると確信していたのだと思う。

当時、M社は社運を賭けた大きな投資をしていた。巨大多目的特殊作業船の建造に着手していたのだ。そのころ、海洋土木で巨大構築物を吊り上げようとすると、吊り上げ機を固定した作業船しか存在していなかった。M社長はそこに目を付けた。

M社長が着手したのは、巨大な回転式吊り上げ機を作業船に載せるという世界に例を見ない画期的な作業船の建造だった。しかし、いかにM社といえども資金には限りがある。巨大な建造費をどう捻出するか、設計をどうするか、建造はどこでするか、そして需要があるのかなど、さまざまな難題、課題があった。

それらすべての課題をM社長一人で解決していった。業界からは当初、冷ややかに見る目が多かった。巨額投資でM社が潰れるのではとの噂で持ち切りだった。地元の同業者たちもそのような目で見ていたのだ。

M社長が心血を注いだ特殊作業船は、完成するとしばらくの間、淡路島の港に停泊していた。その姿を見て、地元の人たちがまたM社が危ういだのと騒いでいた。だが、M社はその後、当時着工していた関西空港の仕事を受注し、勇躍として特殊作業船は出港した。また、M社長自らのトップ営業の成果が次々と現れ、特殊作業船は大忙しとなった。当然の結果、M社の収益に特殊作業船が大いに貢献することとなった。

後にバブル経済が弾けて建設不況が始まったが、M社は完工高こそ落としたものの、特殊作業船のお陰で利益を確保できていた。M社長のまさに先を読んだかのような一手がM社を救った。

そのころ私がM社長に会おうとしても、連日全国を飛び歩いていたので容易に会うことができなかった。私はM社長がいないとき、M社の社長室で社長の予定表を写してくることにしていた。そしてM社長が淡路島の本社にいるときを見計らって会いにいくようにした。会うといつも開口一番「大石いつも何しとんねん。ぼーっとしとったらあかんぞ。世の中広く見て商売せなあかんねぞ」とまず叱られるのがお決まりだ。

半径二メートルの男

M社の本社には百人以上の社員がいた。会社に入った瞬間、M社長が在社か不在かすぐわかった。M社長が在社のときは入った途端、空気が違って感じられた。しーんと静まり返った中に、なにか張り詰めたような緊張感があった。受付の女子社員からして応対がまるで違っていた。

Ｍ社長の見かけはお世辞にも上品とはいえないし、淡路弁丸出しで、しかも荒っぽい物言いをする。社員への仕事に関する物言いは特に厳しいものがあった。ふだん冗談をよく言うのだが、こと仕事の話となるとまるで別人のごとく容赦がなくなる。朝早く出社し、現場によく足を運び、社員の誰よりも現場をよく知っていた。出張の際、常にどこの相手先にも朝一番で入るなど、早朝から出かけるのが常であった。

一度、Ｍ社長が業界のお偉方を接待する場に居合わせたことがあった。Ｍ社長は相手に媚び諂（へつら）うような言動は一切しない。それでいて、どうせ接待するのなら相手が「こんなところにまで」と感心するほど気を遣う。最後まで徹底して気を抜かず接待するというまことに見事なものだった。

そのころ正月には、必ず君たち三人を連れてＭ社長の家に年賀のお伺いをしていた。いつもみんな、お年玉をもらった。Ｍ社長はふだんは本当に気さくでいたずらっ子のようなおじさんだった。この間、かなこから「経営者で周りから好かれる人ってどんな人」と聞かれ、真っ先に思い浮かんだのは、やっぱりＭ社長だった。

当時、淡路島でＭ社長のことをよく言わない人たちが多くいたのは事実だ。他の業界の人たちから見れば、建設業界というだけで色眼鏡で見られていた時代だった。M社長はその業界の地元のボスだから、端からいいイメージなどありえなかった。また、地元建設業界ではM社は競合相手になるので他社からよく言われるはずがなかった。

以前、麻生太郎氏が半径二メートルの男と呼ばれていたが、M社長も同じく半径二メートルの男だった。直に接すればたちまち虜になってしまう不思議な魅力があった。決して上品とは言えない物言いで、気さくでお世辞や嘘は言わない、話すとその気遣いに感心して惚れてしまうといった感じだろうか。

率先垂範、朝一番

M社の社員たちにとってM社長は、とてもいい社長であったと私は確信している。M社長が現役のとき、仕事では融通がきかない難しい社長だったとは言うかもしれないが、根本のところで好かれていた。残念ながら、M社長はその後若くして職を従兄弟に譲り、現在はM社長の長男が社長になっていると聞いている。今も残る当時の社員に聞くなら、「M社長が好きだった」という人が多いと想像できる。

率先垂範をまさに絵に描いたような社長ぶりであり、公私のけじめはきっちりとつけ、身内親族だからといって決して甘やかすことなく、何より自分に厳しい社長であった。それでいて人懐っこく、情が深く、人への思いやりのあるとても繊細な社長だった。地元ではトップ企業なので、望めば各種団体の長になれたにもかかわらず、M社長は一切の役職に就こうとしなかった。「おれは社長で忙しい」が口癖。地位や名誉といったものに執着がまるでなかった。

私はM社長がもう少し長く社長でいてほしかったと今でも思っている。いつも会うたびに叱られていた。M社長に叱られ、私は少なくとも自らを省みて律することができていた。そのM社長が会社を去ってから、私はいつのまにか傲慢で独りよがりな社長になったのではないかと思う。M社長に本当にいろんなことを教わった。世の中には上辺だけ立派に見える社長がたくさんいる。上品で言葉使いは丁寧でいつも穏やかに見える社長が多くいる。だが、ひとたび危急存亡の秋を迎えるとその姿が豹変してしまい、元の素地が露わになってしまう人をたくさん見てきた。M社長はそんなここ一番というときを何度も経験されていた。そのたびに逆境を力強く跳ね返し、さらに次に進む勇姿を幾度か見させてもらったものだ。

M社長はその後、地元の町長を歴任し、現在は地元農協組合長として活躍されている。あの人懐こい笑顔が忘れられない。

Episode **2**

リーダーに仁徳がなければ組織が危うい

他人への思いやりがない経営者の会社は活気に欠ける

「お父さんの話は小難しい」と次女かなこによく言われる。この本でも率先垂範、仁徳などとお堅い言葉をすでに並べている。六、七年前、友人の一人と話していたら、彼がこれまでの人生で同じ本を五百回以上読んだことがあるという。それも五冊以上あるというのである。

私がとても驚いたのは言うまでもない。若いころから読書が好きで、五千冊は読んだというのが私の一つの自慢でもあった。ただ一冊の本を二回以上読んだという覚えはまったくない。いわゆる乱読である。

その本は、友人曰く、ドイツの叙情詩人であるヘルマン・ヘッセの『シッダールタ』、同じくドイツの物理学者W・ハイゼンベルクの『部分と全体』などだという。その他の本も聞いたが、難しそうで覚えていない。私はこの二冊だけは読んでみた。

『シッダールタ』は短編小説で読みやすかったので、試しに二回読んだ。さらに続けてもう一回もう一回と、とうとう七回も読んでしまった。すると不思議なもので、一回より二回、三回よりも四回と、毎回違ったところがクローズアップされるのである。それまで文学作品を複数回読むなどしたことがなかった私は驚くしかなかった。

論語を経営指南書として読む

その後、彼と同じように私も同じ本を五百回以上読む本を持ちたいと思うようになった。そんな私が読もうと決めたのが『論語』だった。また『論語』は四書の一つなので、この際、『大学』『孟子』『中庸』も読むことにした。四書を何回か読んだ私は、長年経営者であった自分が恥ずかしく思えてきた。経営者として多くの社員を雇用してきた私の至らなかった数々の不徳を明らかにされたようだった。

『論語』をはじめとする四書は、特に経営者など人の上に立つすべてのビジネスリーダーに読んでもらいたい本なのだと確信するに至った。その後私は、『四書をビジネスで読み解く』というテーマでセミナーを開催し、後継者に個人セッションをするようになった。挙句には『大学』をビジネスで読み解くというテーマで一冊の本まで出版させてもらった。

長い言い訳であるが、これから本書で四書にある文章や熟語を引用するので、その点はご寛容願いたい。

上に立つ者に仁徳は必須

高校時代の同級生の話をしよう。彼は有名私立大学卒業後、大手自動車メーカーへ就職した。入社後は経理、人事、総務といった部署で働いていた。十数年働いたのち退社し、その後数社に勤めていた。彼自身の能力が認められていたのだろう、どの会社でも好待遇であった。最近、その彼から連絡があり、体調を崩し、会社を退職したという。話を聞くと、経営者への不満が多くあったようである。

彼は高校のころから真面目で気が優しく、正義感の強い男であった。今も、変わらず心根の優しい人物である。大手企業に勤めているときは直属のバカな上司とウマが合わず苦労していた。

ある会社では総務、経理担当執行役員として長年勤めた。その会社の社長は大手自動車メーカー出身で、傲慢、不遜を絵に描いたような人物。公私混同が甚だしかったようである。彼のポジションからはその社長の醜態が丸見えであった。

その会社は商品が特殊で、売上は大きくないけれど世界シェアがトップということで高収益な優良会社であった。中堅企業で資本がそう大きくない会社であったので格好の投資先と狙われ、外資ファンドや国内ファンドに買収され続けた。幾度目かの買収の際、社長個人の保身のため、買収先からはプロパーと見られていた私の友人の首を差し出したようであった。

友人はその後、自動車部品の商社の社長に就いた。中小企業でオーナーは会長、長男が専務である。そこでは専務の後継者教育も任されていた。オーナーはよくいる超ワンマン経営者であった。専務は絵に描いたような二代目バカ息子であったそうだ。会長は傲岸不遜このうえなく、社員を人とも思わぬ扱いをしていたようだ。社長になった彼の言うことも聞かず、何を目的として彼を迎えたのかわからなかった。

専務は社員全員から嫌われていたというから何をかいわんや、だ。専務が将来社長になるなら、彼以外のプロパーの幹部連中がみんな声をそろえて辞めると言っていたそうだ。社長となった彼に、役員、社員から毎日いろんな苦情や歎願がきていたというから大変な会社であったようだ。

社長となった彼の一番の悩みは金融機関との折衝であった。財務内容がよくなく、金融機関からは渋い対応をされていた。オーナーが彼を社長として迎えた理由は、経理畑を歩いてきた彼に金融機関との難しい交渉をさせたかったのだと思われる。だが、いかに優秀な経理マンであった彼でも、業績が悪い会社の財務内容を一変させることは不可能であった。社長となった彼がこのような会社でできることに限りがあった。そのことに気づき、彼は辞めることにした。

直近になって彼が勤めた会社は特殊な事業会社で、中小企業ながら好業績を上げ続けていた。彼はここでは経理部長である。好調な業績を背景に社員の給与水準は高いということだった。

ただ、彼には気になることがあった。それは利益が上がっているのはいいのだが、社長の報酬が異様に高いということだった。オーナー経営者だから利益が上がっているならいくら報酬を取ろうと自由ではあるが、彼には「それにしても多過ぎる」と思った。おそらく彼には、その経営者の人間性が好ましく思えなかったのだろう。推測するところ、経営者の公私のけじめがあやふやであったのかもしれない。

私の友人は前述のように真面目で潔癖な人間であり、不正は許せないし見逃せない人間だ。きっと彼なりの許容線を超えていたのだろうと思える。彼がその会社を辞めたのは最近のことだ。

彼が体調を崩したのは、文字どおりこれまでの仕事のストレスに違いないと思われる。以前、彼と話したとき、私にこう言った。

「大石、中小企業にはええ社長おらんね」と寂しそうな声だった。私に言わせれば、友人が体調を崩した原因は先に記した三人の経営者にあるということだ。経営者に仁徳がなければ社員を苦しめ、挙句に病気にまでしてしまうことがある。人の上に立つ者には大きな責任と役割がある。特に企業を経営する経営者には多くの責任と役割が課せられている。そのことをあまりに多くの経営者が自覚していない。

『論語』では、愚かで出来が悪い人物を「小人」という。それに対し、優れた人物を「君子」という。人の上に立つ者は少なくとも「君子」でなければならない。間違って「小人」が人の上に立ったなら、人々がどれほど迷惑を被るか容易に想像できるであろう。

古今東西、リーダーがバカで組織、団体が栄えたためしがない。「小人」が経営者になることでどれほど多くの被害、弊害をもたらすかは言うまでもない。今の世の中で不幸な人が多いのは、企業を含め各種団体、政治家等のリーダーの多くが「小人」だからかもしれない。

Episode 3

リーダーに信失くば、メンバーの心が離れる

経営者が最も恐れるべきことは社員からの信頼を失うこと

かなこは覚えているだろう。お母さんと二人、私の大分県日田市への出張についてきたことがあった。かつて私が建設資材販売会社を経営していたころの話だ。

当時私は、日田市にある生コン会社を子会社として経営していた。そのころ建設業界はバブルが弾けた後、追い打ちをかけるように談合問題から公共工事バッシング等があり、国の公共工事が半減するといった建設不況真っただ中だった。

そんな中、私は地元淡路島から飛び出し、沖縄から北海道まで営業所、支店を開設し、規模拡大に走っていた。売上は建設不況にもかかわらず右上がりを続け、百億円を超すまでになっていた。そのころ九州を基盤とする旧大手財閥系の企業から、系列会社である生コン会社の売却の話が舞い込んできたのだ。

拡大路線を走っていた私は興味を持ち、すぐに現地へ飛んだ。大分県日田市に初めて入っ

た私は、日田市の美しさにまず感動した。季節は忘れたが、街中を大きな三隅川が滔々と流れ、盆地特有の空気感を好もしく思った。

買収しようとした会社は、その三隅川沿いにあった。工場設備はどれも古く、生コン車両もほとんどが古びていた。しかしよく見てみると、古い設備がよく整備されており、古い車両もメンテナンスがしっかりできていることが確認された。社屋も古びた簡素なものであった。

社屋に入って、社長はじめ役員の面々と会った。社員数は二十名くらいだが、役員は社長を含め五名程度いた。旧財閥系子会社ということで、役員はみんな親会社からの出向であった。社長は生コン会社の社長というよりメーカーのサラリーマンといった風であった。話してみるとやはりイメージどおりの人物で、実務をこなしているとはとても思えなかった。私の質問にはプロパーで定年退職した嘱託のW氏が応答してくれた。買収の話は博多の親会社であらかた済ませており、今回は現地での引き渡しを兼ねた最終視察であった。

親会社との交渉の中で、社長以外の役員は親会社が引き取るが、社長の面倒はできれば見てほしいということであった。その判断をしようというのが今回の訪問の目的の一つであった。

この生コン会社は出荷量が年々減少しており、利益が出なくなっていた。にもかかわらず、社長はじめ五人の親会社からの役員が決して安くない報酬を取っていた。それがなければ十分やっていけるというのが私の判断であった。

社長と話した私は、彼が予想どおりの人物であったことで、社長も親会社に引き取ってもらうことにした。そして、W氏に社長をやってもらうことに決めた。じつは彼と話していたとき、実際の運営はW氏がすべて仕切っていたことがわかったからだ。社長や役員たちがこれといった実務をすることなく、文字どおり腰かけていただけだった。

後日、正式に買収手続きを済ませ、私が代表取締役、W氏を取締役社長としてスタートさせた。沖縄から北海道まで事業を拡げていた私は、大分には月一回入るだけの予定であった。私はオーナーとして顔出しはするが、経営はすべてW氏に任せるということを当初から決めていた。二十名の社員にも私のオーナーとしての役割と責任を話し、ふだんの経営はすべてW氏がするのだと話した。

W氏は本当に素晴らしい経営者であった。私は彼といると自らを正さねばといつも思っていた。彼から多くのことを学ばせてもらった。以前から彼が実務をすべて行っており、社長はじめ本社からの役員たちと社員たちとの間に立って社員たちをまとめていたのだと思う。社員たちもW氏を信頼、信用していたことは間違いない。私はオーナーとして彼を支えることが私の仕事であると考えていた。決して私が出しゃばることなく、オーナーとしてやるべきことだけやろうと決めていた。

かなことお母さんが日田市に行ったとき、W氏がいろいろとお世話をしてくれた。帰ってからW氏が本当によくできたいい人だと二人とも喜んでいた。私がオーナーとなって初めての新年会を地元ホテルで行った。そのときに社員とW氏との関係がうまくいっているのがよくわかった。長年彼ら一人ひとりの面倒を公私ともに見てきていたのだろう。

社員がW氏を信頼している姿、W氏が社員を信用している姿を見て、オーナーとして嬉しく思ったことを今も覚えている。またオーナーとしての私と社長としてのW氏との関係も、今思い出してもとてもいい関係だった。残念ながらその後、私の不徳ゆえに自分の会社を倒産させ、生コン会社を売却することになってしまった。

信なれば即ち人任じ

「信」という言葉の意味を話しておこう。他者と話す言葉に嘘、偽りがないということだ。さらに言うなら、他者を欺かない、裏切らないということだ。

孔子は『論語』で、人の上に立つ者には「恭、寛、信、敏、恵」五つの徳が必須であると言っている。まず、人に対し慎みをもって接し、恭(うやうや)しくしなければならない。次に、人に対し寛容で寛大であること。そして、人に対し話す言葉に偽りがなく決して裏切らないこと。さらに、なにか事を成すにあたっては俊敏、敏速に行動すること。最後に、物に対する執着、物欲が少なく、人に分けることを厭わないこと。

こう書くと、これら五つの徳が人の上に立つ者、リーダーの条件だとも考えられそうだ。その一つが「信」だと言える。

W氏には「信」があった。人と接するに節度があり誠実であった。話す言葉に嘘偽りはまったくない。その生コン会社の営業は若い社員とW氏がすべてやっていた。取引先は地元の建設業者で、すべてにW氏がかかわっていた。その営業力は素晴らしいものであった。人柄には慎みがあった。社員には規律、規則はうるさく言うものの面倒見がよかった。自らの報酬に満足し、社員の報酬を気に掛ける。まさにW氏はリーダーとしての条件を備えていたと思う。できることならW氏ともう少しビジネスを共にしたかったと今もよくそう思う。

当時よくW氏と話したことがある。旧財閥系子会社であったころ、親会社から来ていた社長と役員たちの話だ。彼らのすることが目に余るので、社員たちがやる気をなくしていたということ。彼らは親会社から左遷され、生コン会社に来たのであって誰も喜んで来たのではない。よって出向先の生コン会社の経営がどうであろうと彼らにはまったく関心がない。毎朝いやいや出勤し、時間を潰し、退社時間が来れば我先に帰宅する。そんな彼らをプロパー社員たちがどんな目でどんな思いで見ていたかなど彼らにはまったくどうでもいいことであった。

そんな彼らと社員の間には互いに「信」がなかった。彼らは社員に「信」を示そうとすることなく、社員は彼らに「信」を置くことがなかった。互いに不信感を抱いていたと思われる。そのような彼らとの間に入って、W氏は相当気苦労をしたことだろうと容易に想像できる。

孔子はさらに言う。「信なれば即ち人任じ」。人の上に立つ者がその言動に嘘偽りなく信頼、信用できるなら、下の者は心から安心してその人にすべてを任せることができる。一方、人の上に立つ者に「信」がなければ、下の者は上に立つ者を信頼、信用することなく不信感を抱くに至る。

リーダー次第で組織が変わる

経営者がバカでありながら会社が勝手にうまく回ることはない

若いころの私は、二十六歳で入った青年会議所の活動に浸っていた。大好きな先輩に誘われ、何をする団体かもわからず入会した。時代はバブル最盛期のころだった。

青年会議所には二十歳から四十歳までの主に地域の中小企業や個人事業主の二代目、三代目が多く入会していた。中には自分が創業者だという人もいたが、多くが後継者だった。

今では考えられないくらい日本全国が好景気であった。会員企業すべてがそこそこに利益を上げていた。会社の倒産の話などまったく聞こえてこなかった。時代が日本全国リゾートブームの真っ盛りであり、特に当時の淡路島は、島であることで公共工事が豊富にあった。小さな島がコンクリートで埋まってしまうのでないかと思うくらい官民共に島内至る所で工事がなされていた。活況の建設業を牽引車として、観光業、製造業なども盛んであった。

そんな時代に、われわれ青年会議所メンバーは夜な夜な地元の歓楽街に繰り出していた。会議終了後には先輩たちに必ず街へ連れ出された。私は大学を卒業し父親の会社に入社して二年目であった。身内社員との軋轢に悩み、古参社員との距離感に苦慮していた私は、先輩諸兄が自分たちの仕事の話や会社の話をしているのを熱心に聞いていた。特に若くして社長をしていた先輩の話には身を乗り出すようにして聞いていた。そして知らず知らずのうちに酒の飲み方、夜の街での遊び方を教えられた。

組織は良くも悪くもリーダー次第

青年会議所に入会して二年目、前述したように先輩の一人から見合いを勧められ結婚することになった。妻の父親は地元で有名な材木会社を経営していた。父親は二代目社長で、兄弟が多く、それぞれが同じように別会社で材木商を経営していた。妻の父親の弟二人も青年会議所のメンバーで、一人がＯＢ、一人が現役先輩であった。

妻は父親が青年会議所ＯＢであり、若いころは熱心に活動をしていたことをよく知っており、私が青年会議所活動と称して夜な夜な出かけることになんら文句をつけることがなかった。それをいいことに私は青年会議所活動にのめり込んでいった。

四十歳で卒業するまで青年会議所で何を学んだかという話をしておこう。

私の子どもたち三人にも、少なからず青年会議所での思い出があるはずである。彼らが小さいころから毎年やれ家族会だ、会員大会だなどといってよく連れ出したものだ。子どもたちにすれば、父親がいい年をしてたくさんの仲間と飲んで騒いでいただけではないかと思っているかもしれない。そう思われているのも癪にさわるので、じつは青年会議所で学ぶことがあったのだと話しておきたい。

先ほど述べたように、青年会議所は二十歳から四十歳までの地域の中小企業経営者と後継者の集まりで、四十歳になると卒業することになる。ライオンズクラブやロータリークラブと違い、卒業があるということが一つの特徴である。毎年、新しい組織で事業計画を立て、事業を推進していく。毎年度、選挙により理事長を選出し、理事を決める。新しい理事長の下、新年度事業計画並びに予算を決め、後日の総会ですべてを決定する。このプロセスを毎年繰り返して事業を推進している。

私が青年会議所に入会して何年か経ったころ、不思議なことがあるものだと思い始めた。毎年理事長は代わっていく。その下の理事の多くはそう代わることはない。理事の多少の入れ代わりはあるものの理事長が変わったからといって総入れ代えなどということはない。そして他のメンバーも卒業と新入があるくらいで、多くのメンバーは代わっていない。それにもかかわらず、毎年青年会議所のムード、雰囲気が変わるのだ。当初私には、なぜなのかがわからなかった。

あるときふと思ったことがある。そうか、理事長が代わることが青年会議所全体を変えているのだと。多くのメンバーが去年と同じなのにどうしてこうも変わるのか、それまで不思議に思っていた。組織の上に立つ者が代わっただけで組織が全く変わってしまう。良くも悪くも組織は上に立つ者によって変わるということを強く実感した。それ以来、組織は人の上に立つ者を選ばなければ大変なことになるのだと知った。

トップだけでなく部署長も同じことだ。青年会議所の場合、会員は各委員会に分かれる。その委員会がまた同じように委員長次第でムードが変わり、その年のパフォーマンスが変わる。優れた委員長の下での事業とそうでない委員長の下での事業とでは、成果という結果が大きく違う。メンバーのパフォーマンスも大きく違ってくる。

青年会議所活動で学んだリーダーのあり方

それ以来私は、青年会議所は人の上に立つ、その立ち方を学ぶところだと思うようになった。そして人の上に立つ、その立ち方にもいろいろとあるということを学んだ。会社も全く同じで、社長はじめ各部署長次第で会社が変わるということを青年会議所の活動を通じて実感した。特に青年会議所では会社の社員と違い、すべてのメンバーはそれぞれが年会費を払い、それぞれが同じ権利と義務を有している。そのうえでメンバーが組織の一員となって組織を動かしている。メンバーは地域の企業の経営者と後継者であり、それぞれ個性豊かな曲者揃いだとも言える。そんなメンバーを使って毎年大きく厄介な事業をこなしていくのだ。結構これは難しいことだと思う。

みんなが理事長の言うとおり動いてくれるわけではない。委員会も同じこと。委員長だからとメンバーに命令して動かせるわけではない。メンバーは社員のように給料をもらっていない。さらにメンバーは地元きっての曲者揃いとくる。そのメンバーをどのようにして一年間委員長の下で、理事長の下で動いてもらうのか。これがなかなか難しい。どうしたらこの難しいメンバーに動いてもらえるのか、それを学ぶところ、学べるところが青年会議所というところだ。

どうだろう、少しはわかってもらえただろうか。私が夜な夜な酔っぱらって帰ってきていた青年会議所というところが、じつはとても厄介なところであったということ。私にとって得難い学びの場であったということ。

孔子は『論語』でこう言っている。「組織の上に立つ者は自分の身を正せ」と。そして組織の部署長には「直人」、つまり正直な者を置けと言っている。会社でいうなら社長は何よりも自分を律し、自分の身を正しくあろうと努めることが大事であると。

さらに、各部署長には器用な者でなく、人間として正しく正直な人物を置きなさいと言っている。各部署長に、まかり間違えて器用で不正直な者を据えたとすると、まもなくその部下たちも器用さだけを求め不正直な者になると孔子は言っている。出来があまりよくない部署に人事異動で優れた正直な人物を置いたなら、時間はかかるが部下たちのパフォーマンスがよくなっていく、とも孔子は言っている。

組織は上に立つ者次第で良くも悪くもなる。最も大事なのはトップである。また組織の各部署長の人事も同じように大事である。これを知るトップと理解できないトップとでは大きな違いが生じることになる。

リーダーに九思あり

リーダーの心構えを九つ挙げておく

今後君たちは社員を雇用することや上司となることがあるかもしれない。そのとき、人の上に立つ者、リーダーとしてどうあるべきかという話をしておこう。

世の中にリーダー本といわれるものは数知れずある。私がこれまで出版した本にもその類いのものがある。先にも書いたが『大学』『論語』『孟子』『中庸』という中国古典のいわゆる四書を独学で学ぶうちに、これこそ経営者をはじめとしてビジネスリーダーが読むべき本だと痛感したものだ。

『論語』の中に「君子の九思」というのがある。君子たる者のあるべき姿について孔子が述べたものだ。リーダーの心構えとして、孔子先生に語ってもらおう。

孔子はリーダーが行動するにあたり、次に挙げる九つの思慮をもって常に慎重であってほしいと言っている。

一つ目、リーダーは人や物事を見る際、先入観や評判に惑わされることなく、本来の素の人物や物事を見るように努める。とかく人は色眼鏡で人や物事を見てしまう。見る側の感覚を澄まし、心穏やかな状態で人物や物事が見られるよう努めること。これがなかなかに難しい。

二つ目、リーダーは人の話を聞くとき、己の私心や先入観に捉われることなく賢く聞き分ける。人の話を素直に聞き取ることはとても難しい。聞く側の考えや固定観念などにより曲解することがある。また人は得てして自分が聞きたいことだけを聞こうとして、自分の意に反することは自然と拒絶していることがある。人の話を素直に聞くこと、これもまたとても難しい。

三つ目、リーダーは苦虫を噛みつぶしたような仏頂面をせず、常に穏やかで笑みを絶やさぬようにする。リーダーの顔がいつも険しく苦虫を噛みつぶしたようであれば、メンバーの心が落ち着かない。いついかなるときもリーダーの顔が穏やかで笑みを浮かべ優し気でいてくれたら、メンバーは安心していられる。

四つ目、リーダーは偉ぶることなく、いつも謙虚で恭しくあれ。人はとかく人の上に立つ立場となると、知らず知らずのうちに態度が大きくなり尊大になる。リーダーが独りよがりで傲慢で驕慢になることは珍しいことではない。誰もが陥りやすいことである。意識して気をつけたいものである。

五つ目、リーダーは自分の言葉の重みを知り、上滑りするような軽い言葉を慎み、心から誠実に話すことが大切である。リーダーが話す言葉はとても重要である。その言葉に虚偽のかけらが少しでもあればメンバーの信を失う。リーダーが話す言葉は真心からの誠実さに裏づけされたものでなければならない。リーダーの言葉は重い。

六つ目、リーダーは事を成そうとするとき、過つことなく執り行えるよう慎重かつ果敢に取り組む。リーダーは事を成すにあたり、必ず事を成就させるとの強い思いと情熱をもって臨む。さらに事を行うにあたり、慎重に計画を立て、十分な準備を整え臨む。なかなかにリーダーの役割と責任はこのように重いものである。

七つ目、リーダーはわからないことがあれば知ったかぶりをせず、誰にでも聞くようにする。「下問を恥じず」の言葉があるように、リーダーは疑問があれば誰といわずわかる者に聞くべきである。リーダーが疑問を抱えたまま事に当たることは最も避けなければならない。地位が高くなれば、知らぬことがあれば恥と思うことがある。本当の恥は知らぬことを知らぬままにしておくことである。

八つ目、リーダーは怒りに任せ、後先を考えず軽はずみな行動をしてはならない。人は怒りの感情を持ったまま事を起こすと必ずといっていいほど難儀に出合う。人の上に立つ者が己の感情の赴くままに行動すれば、いかなることが起こるかは容易に想像されるはず。ひとまず感情の高ぶりが収まるのを待って次の行動を考えるべきである。感情を抑制することができるのもリーダーの資質である。

九つ目、リーダーは目先の利益に目を奪われることなく、それを得ることが正しいか間違いかを慎重に判断する。リーダーを誘う罠は次から次と現れる。その一つが金であり物であり地位である。その金を得ることが正しいかどうか、その物を得るのが正しいかどうか、その地位を得ることが正しいかどうか、判断をしなければならない。リーダーは判断基準をしっかりと持っていなければ道を誤る。それを得ることが正か不正か、リーダーはその判断を次から次へと求められる。

さていかがであろうか。このそれぞれの思慮を深めることができれば、リーダーが道を誤ることはないと言っている。一つひとつが簡単なようでなかなか容易でない。実社会に当てはめるとそうありたいと思うけれど、実行するにはとても難しいと思えることがある。リーダーを経営者や政治家に当てはめてみてほしい。

リーダーほど思慮深くあれ

江戸時代に伊藤仁斎という市井の学者が京都にいた。仁斎はその『論語古義』の中で九思について次のように言っている。

「この九つの思慮以外にリーダーがすべき思慮は何もない。リーダーはこの九つの思慮を実践すればリーダーとしての立場を得、一つでも実践することができなければその地位を失う。リーダーがリーダーであるゆえんはよく思慮することである。リーダーがその地位を失うのは思慮することを知らないということにある」

経営者をしていた私は、仁斎が言っていることに痛いほど身につまされる。私がこの九思を実践できていたかというと、はなはだ心もとない。社長として物事の本質を見誤っていたのではないか。人の話を素直に聞けていなかったのではないか。社員の前で仏頂面をしていたのではないか。態度が横柄だったのではないか。言葉に重みがなく、慎重さに欠けていたのではないか。よく知ったかぶりをし、軽はずみな行動をしたのではないか。目先の利益に惑わされたのではないか。

私が社長として至らなかったところをすべて見事に指摘されているようだ。それだけに、なおさら君たちにこのリーダーの九思を心がけてほしいと切に願っている。

リーダーは独りでいるときこそ言動を慎め
でたらめな経営者は他者の目が届かないと自らを貶める

今どきの政治家の話をしよう。

今も昔も政治家のスキャンダルといえばお金と女性というのが相場である。私は昔の政治家というと、どうしても田中角栄氏を思い浮かべてしまう。田中氏の剛腕で繊細な政治手法を好もしく思っていたものだ。田中氏がロッキード事件でその政治生命を絶たれたことは今も残念だったと思う一人である。

田中氏が艶福家（えんぷくか）であったことは誰もが知っている。豪快に宴席を毎夜こなされていたのだろう。浮名も多く残っている。お金の使い方に上手下手があるように、女遊びの仕方にも上手下手がある。田中氏はそのどちらも上手であったのだろう。政治家の中にはそのどちらもがまことに下手な先生がいる。遊び相手の女性から週刊誌等に情報を流されスキャンダルとなり、足元をすくわれた政治家先生もいたものだ。宇野宗佑元総理がいい例だ。

首相就任三日後、週刊誌が神楽坂芸妓による告発を掲載したことで、その後の参議院選挙で大敗し、わずか六十九日で辞任するに至った。

今どきの政治家は悪さも小者

コロナウイルス禍にあって緊急事態宣言がなされた中で、二人の野党議員のスキャンダルが報じられた。一人は高井崇志衆議院議員である。高井氏は緊急事態宣言が出された二日後の四月九日、新宿歌舞伎町のセクシーキャバクラで遊んでいたことが報じられた。もう一人は石川大我参議院議員である。三月二十日、新宿二丁目の路上で警察官と大喧嘩と報じられた。どちらも独りでの夜遊びの行状が週刊誌で報じられたものである。

昔の政治家は赤坂や神楽坂で芸者を揚げ、銀座の高級クラブで浮名を流したといったことが報じられたものだ。それが今ではセクシーキャバクラ、ガールズバー、おかまバーなどで夜な夜なの独り遊びがスキャンダルとなっている。どちらがいいとか悪いとかでなく、政治家が小者化しているようで情けなく思えるのだ。

長い前置きになったが、中国古典四書『大学』の中に次のような言葉がある。

「君子は必ずその独りを慎む」と。意味は君子たる者、独りでいるときこそ自らの言動を正しく戒めるものだということだろう。先の政治家でいうなら、立派な政治家というのは独りのときを大切にするものだ。でたらめで出来が悪い政治家は他人の目がないとついその箍（たが）を外す。本来政治家たる者、誰の目がなくとも独りの時間を上手に賢く使うものだ、ということになるだろう。

今の世では企業の経営者も同じように、独りのときを慎むように求められる。特に上場企業の経営者ともなれば政治家同様にスキャンダルとなることは禁物である。中小企業の社長といえども同じであろう。社長が他人に聞かれて恥ずかしいと思われることをしていたなら、取引先との信用問題となるかもしれない。また社員の社長を見る目が変わってしまい、信頼関係が崩れることがあるかもしれない。何よりも社長本人の家族からそっぽを向けられるかもしれない。社長の家庭が不和になることで、会社経営がうまくいかなくなることが十分考えられるからである。

経営者は常に社員から、世間から見られている

もうひとつ『大学』から一節を紹介しておこう。

「小人間居して不善をなし、至らざる所なし」とある。意味は、つまらぬ出来の悪い者は

独り暇を持て余し、善からぬことを考え、つまらぬことをしてしまうものであるということだろうか。

『大学』『論語』には、よく「小人」という言葉が出てくる。前に説明したが、君子に対する、つまらぬ者、できのよくない者のことである。先ほどの野党のお二人の先生たちは暇を持て余し、国民がコロナウイルス禍で苦しんでいるのを知りながら、国民が緊急事態宣言下で不要不急の外出を控えているにもかかわらず、いつものように夜な夜な独りでセクシーキャバクラやおかまバーに出かけた。まことにお粗末極まりない話だ。

高い報酬を食(は)みながら国会議員がこの体たらくとは情けない。緊急事態宣言下に不眠不休で働く国民がたくさんいる中で、国会議員がふらふら夜の街へ独り遊びに出かけていた。東京新宿の夜の街では支援者の目が届かない、一般人には自分が誰かわからないとでも思っていたのだろうか。

人の上に立つ者はどのようなときも多くの人が自分を見ているのだと思わなければならない。実際、経営者は社員からその両目で日々しっかりと見られている。また金融機関をはじめたくさんの取引先から見られている。さらには多くのお客様から見られている。そう思いながら自分の言動を常に正していかねばならない。

社長が違法な行為をすることは論外として、不道徳な人として恥ずかしいと思われる行為をしたとしたらどうだろうか。経営者は人前ではなんとか自分を抑え言動を慎むことができるかもしれない。問題は独りのときの在り方、過ごし方である。独りのときにも同じように多くの人が自分を見ていると考え、自分を律するしかない。

また、経営者が暇を持て余すとろくなことがない。私の不徳は後々じっくり話すことにするが、往々にして暇なときにしでかしたことが後々大きな災いとなってやってくるものだ。俗にいう「飲む」「打つ」「買う」の三拍子がそろうのは経営者が暇なときである。

覚えているだろうか、二〇一一年に起こった大王製紙の御曹司が起こした企業不祥事のことを。問題を起こしたのは創業家の三代目社長であった。二年間で子会社数社から百六億円を超すお金を出させ、それをカジノで使っていたことが内部告発により発覚した。御曹司はその後、特別背任の罪で懲役四年の実刑判決を受けることとなった。これが事件のあらましである。

大王製紙は東証一部上場の大企業であり、社員数はグループ会社を併せると一万人を超える。中小企業とは社員数がまるでけた違いである。その一万人以上の社員の目が御曹司に向けられていた。にもかかわらず御曹司は自分を抑えることができなかったのだ。

じつは御曹司には一万人を超す社員の目が見えていなかったのではなく、見られていることに耐えられなかったのではないかと思う。一万人以上の社員の目が御曹司には針の筵（むしろ）に思われたのではないだろうか。

御曹司は年若くして社長から会長に祭り上げられていた。おそらく暇を持て余したに違いないと思う。人は暇を持て余すとろくでもないことをしでかす。お金に不自由のない御曹司は誰かに連れていかれたカジノに嵌ってしまう。あとはどんどん深みに嵌るだけであった。世間に知られ問題となったとき、御曹司はきっとほっとしたにちがいない。ようやくこれで止められると。

第2章

人間関係の話をしておこう

己を欺かず、他者を欺かず

他者との関係で悩む以前に己の気持ちを偽らず素直であれ

君たちは今もそうだけど、これからもいろんなことで悩むだろう。その悩みの多くが対人関係だろうと思う。みなことまさあきなら同僚、上司、後輩との関係かもしれない。かなこならビジネスパートナー、顧客との関係などかな。それから、子どもたちが大きくなると、子どもとの関係で悩むことが多くなるかもしれない。人はそれぞれの人生でそれぞれの人間関係を形成することになる。そして人間関係は人生の多くを左右している。

人と人との関係は総じて相対関係だと言える。誰かとの一対一の相対関係の集まりが君たちそれぞれの人間関係だ。もう少しアバウトな言い方をするなら、君たちそれぞれの人間関係の総体が「世間」というものである。そう考えてみると、厄介だと思っている自分の人間関係を変えることが可能だということだ。なぜなら、君たちの人間関係はすべて誰かとの相対関係の集まりだからである。

人は他者との関係において、自分が変わることで他者との関係を変えることができる。さらに言うなら、君たちが特に誰かとの関係性を変えたいと思うなら、それは可能だということだ。その基本は、誰かとの関係性を変えるためにまず自分が変わるということ。そうすることで必ず相手との関係性が変わる。私は自分の経験でそう確信している。私にそれを教えてくれたのは、じつはまさあきなのだよ。まさあきにこの話をしたことはないが。

私が会社を倒産させたころ、みなことかなこはニューヨークにいた。みなこはアメリカの看護師の資格を取るため語学学校へ、かなこは有名アパレルメーカーで働いていた。まさあきはシアトル大学の四年生で、あと半年で卒業というところだった。卒業まであと半年なのに授業料と生活費の仕送りができない。妻に聞いてみると、年初に授業料は全額振り込んでいるとのこと。生活費はアルバイトをして稼ぐから大丈夫だとまさあきが言っているとのことだった。

妻からそう聞かされ、私はほっとした。会社倒産後、私と妻は今後の身の振り方が決まるまで尼崎市の伯母の家で居候をさせてもらっていた。私の亡母の兄の家で、昔から商店街で薬局を営んでいた。九十に近い伯母は、三人の娘に支えてもらいながら元気に現役で毎日薬局を開けていた。私が伯母に電話で、妻と二人しばらく厄介になりたいと言ったとき、伯母は何も聞かず明るい声で「いつでもおいで」と言ってくれた。もうあれから十年経つが、伯母は嬉しいことにまだ元気である。

その年の八月、アメリカにいたまさあきから連絡があった。

「お父さん、無事大学卒業したよ。これまでいろいろとありがとう。お父さんのお陰でこうして留学ができて僕は幸せだよ。本当にありがとう。僕はこれからアメリカで仕事していくから、僕のことはもう心配しないでいいよ。お父さんはこれからお母さんと二人、自分たちのことだけ考えて頑張ってね。お父さんこれまで本当にありがとう」

その日は本当に暑い日だった。携帯を持つ私の手が汗にまみれ小刻みに震えていたことを覚えている。

その日から私とまさあきの関係が変わったと思う。君たちも知っているように、私と私の父親には確執があった。気がついてみると、私とまさあきの間にも確執ができていた。

父親は息子に過度な期待をしてしまう

まさあきが生まれたのは、私が父親に代わって社長になり数年が過ぎたころだった。社長業になんとか慣れ、少しずつ自信がつき始めたころだ。同時に若さゆえの気負いがあり、負けん気が全面に出て、私は鼻っ柱が強い社長であった。そんな私に長男が生まれた。私と同じように、この子が跡を継いで父親の会社の社長になると、単純にそう思っていた。

私はまさあきの行動の一つひとつが気になった。小学校で学級委員長になっていないと、「お前な、学級委員長くらいできないでどうする。そんなことで社長なぞできるわけがない」などといって叱る。中学ではサッカークラブに入った。試合があるというので見に行くと、彼はゴールキーパーをしていた。帰ってきたまさあきに「お前な、なぜフォワードとちがうね。やるなら攻めるポジションに就け。なんでキーパーやね。社長やるなら攻めが大事や」などと文句をつけていた。

そんな私をまさあきは避けるようになった。私と目を合わせようとせず、会話が少なくなっていった。

当時私は市の国際交流協会の会長をしていた。市の姉妹提携先を探すことが一つの役割だった。知人の紹介でハワイ島との姉妹提携を取りつけた。当時のハワイ島の郡長と友人になった私に、彼がまさあきを留学させないかと言ってきた。私自身、まさあきとこのままずっと一緒にいると、親子の関係がさらに悪くなると思っていたので、高校から留学させることにした。結果的に互いのためにそれがよかったのだと思う。それからまさあきとの関係が少しはよくなったが、それでも確執は残った。

そんな私とまさあきの関係が変わったのは、アメリカからの電話だと思う。まさあきが変わったのでなく、まさあきからの電話で私が変わった。まさあきは昔と何も変わっていない。相変わらず優しくていい子だ。息子に対し色眼鏡で見ていたのは私だった。息子に会社を継がせねばとか、社長にさせねばとか、私が一方的に押しつけていた。まさあきの電話で愚かな自分がようやくわかったのだ。私が変わったことで、まさあきとの関係がだいぶよくなったと思っている。

人間関係の問題は、自分が変わればすべてうまくいく

私は講演などで、「人間関係は変えられる」と話している。君たちが誰かとの関係性をよくしたいと思うなら、自分が変わることできっと変えられると確信している。すべての人

とは言えないけれど、多くの人との関係性が同じように変えられると私は思っている。

それにはまず、自分の気持ち、自分の心に素直になることだ。自分の意に反したことを無理に考えたり、自分の意に反したことを仕方なく何度も繰り返し行動したりすると、多くの人たちとの軋轢を生じることになる。さらには大きなストレスとなり体を壊してしまうことになる。よって、まず己の心を偽らないことが大事だ。

次に他者との関係で決して他者を裏切らない、欺かないということが大事だ。言うまでもないことだが、他者を欺くと関係性が悪くなるのは当然の理だからである。他者との関係で悩む人の中で、自分が他者を欺いていることを自覚しないまま相手が悪いと言っている人が結構いるものだ。

「忠」という言葉の意味は、自分の心を偽らない、自分の気持ちを欺かないということだ。「信」という言葉の意味は、他者を欺かない、裏切らないということだ。

人間関係においてこの「忠」「信」を基本として大切にすること。そして他者との関係を変えるには、自分から変わることが基本だということ。自分の言動を少し変えるだけでいいのだということ。それは相手への「感謝」の気持ちを表す言動が最も効果的だということ。ぜひ覚えておいてほしい。

Episode 8

〝友は選ぶもの〟と知れ

誰とでも仲良くしなさいとは所詮無理なこと

私は一九五六年、昭和三十一年生まれである。当時の小学校の先生が私たち児童に事あるごとに言っていた

「だれとでも仲良くしなさい。友達は選んではいけません」

当時の先生の言葉が、その後の人生で、私を大いに悩ませることになる。

私が通っていたのは田舎の小さな小学校だ。私より上の学年は二クラス以上あったのだが、私の学年から一クラスになっていた。学級委員長は学期ごとに選挙で選ばれていた。私はいつも二学期の学級委員長と決まっていた。同じように一学期の学級委員長もいつも同じ子と決まっていた。要するに私はクラスの二番人気で、そいつにはいつも負けていたということだ。

彼とは中学まで同じだった。その中学でもやはり成績では彼にいつも負けていた。彼と

は高校から違う進路をとることになったが、後に私が東京に住むようになって再会することになる。

学級委員長という立場になると、先生と同じように「誰とでも仲良くしてください」とみんなに言うことになる。誰かが誰かをいじめていると、「だめだろ、いじめちゃ。先生が言っていただろ。友達は誰とでも仲良くしなくちゃってね」と諭していた。

ところが中学へ行くとそれが少し違ってくる。私が通った中学は当時四クラスあった。小学校は一クラスだったから六年間ずっと一緒なので互いに気心が知れていた。ところが四クラスともなると毎年新しく出会う生徒ができることになる。

中学一年のとき、私は同じように学級委員長をしていた。小学校のときと同じように誰かが誰かをいじめたとき、同じように注意した。ところが、いきなりその生徒に殴られてしまった。一瞬のことで何が起きたのかわからなかった。小学校でも喧嘩はあったが殴るような生徒は誰もいなかった。無防備な私は予期せぬパンチをまともに食らったわけだ。その生徒は違う小学校から来た子で、乱暴なことで有名だったらしい。あまりにもきれいにパンチが決まったものだから、それ以上喧嘩にならず彼は立ち去った。

私は大きなショックを受けた。生まれて初めて人から殴られたこともあるが、正しいことを言ったのに殴られたということが信じられない思いだった。先生が誰とでも仲良くしなさいと言っていたから注意したのに、殴られたことが不思議だった。中学校にはあんな乱暴なやつがいるのに、あんな奴とも仲良くしないといけないのかと思うと憂鬱だった。中学校に入って、世の中にはいろんな奴がいるのだということを初めて知ることになった。小学校で先生が言っていた「誰とでも仲良くしなさい」というのは、じつは無理な話なのではないかと薄々そう感じ始めていた。

そんな私が、友達はやっぱり選ぶものだ、選んでいいのだと思うようになったのは、高校に入ってからだ。私が通った県立高校は地域の進学校であり、自由な校風で知られていた。私の中学からは三人だけがこの高校に入学した。私の場合は、今でいう校区外からの入学で、同級生のほとんどが校区内からだった。高校は地域で一番大きな街にあり、田舎育ちの私からすれば、洒落た街にあるちょっとおしゃれな生徒がいる高校だと思っていた。

私は入学と同時に剣道部に入ることにした。誰かに勧誘されたわけでなく、何かこれまでと違うことをしたかったからだ。高校は8クラスあり、ほとんど誰も知らないという初めての経験だった。

高校に入ったら友達は選ぼう。入学時からそう決めていた。入学早々、誰も知らない中で、クラスやクラブで面白いように友達ができていった。高校時代が一番楽しかったと思う。そしてその当時の友達が今でも私を気遣ってくれている。

高校に入学して、もう無理をして誰とでも仲良くしなくていいのだと思えたことが私の気持ちを楽にしてくれたのだと思う。それでも、その後大学へ進み社会人となってからも、心の奥底にまだ小学校の先生の言葉が潜んでいたように思う。その言葉の呪縛が完全に解けたのはまだほんの少し前のことだ。

自分より優れた者を友にする

『論語』で孔子は言っている。「己に如かざる者を友とすること無かれ」と。

自分より優れた、尊敬できる者を友としなさい、ということである。『論語』では孔子が友についていくつか語っている。いずれも友とはこうあるものだ、こうあるべきだと明確に言っている。さらに孔子は「友は選べ」「選ぶべきだ」とはっきり言っている。ようやくにして私のトラウマが消えた瞬間であった。

孔子はこうも言っている。「益者三友、損者三友」と。友には自分を高めてくれる友が三種ある。さらに自分を損なわせる友にも三種ある。それぞれ三種の友を具体的に言ってくれている。

自分を高めてくれる友とは、率直で正直に意見を言ってくれる人、常に誠実な人、そして幅広い知識を持っている人である。率直に意見を言ってくれる人が友なら、自分の過ちを気づかせてくれる。常に誠実な人が友なら、自分もまた誠実であろうと努める。さらに幅広い知識を持つ人を友とするなら、自分がまだ知らなかったこと、気づかなかったことを知ることができる。だから、友を持つならこういう人にしなさいということである。

一方、自分を損ねる友とは、媚びへつらう人、口達者で誠実でない人、人当たりはいいが裏表がある人だと言っている。それにはそれぞれ次のような理由があるのだという。

媚びへつらう人を友とするなら、言葉巧みに人を操り欺く心が生じる。口達者で誠実でない人を友とするなら、人からの直言や真言を聞けなくなる。人当たりはいいが裏表のある人を友とするなら、是非善悪の判断を惑わされてしまう。だからこういう友を持ってはならないということである。

損者三友

孔子はずいぶん具体的に説明してくれている。こうまで言われると友は選ばなければと思える。私の人生を振り返ってみると、確かに孔子がいう「損者三友」いわゆる悪友が結構いたものだ。彼らと付き合っていたときはそれなりに互いに楽しんだり遊んだりしたものである。君たちも私のかつての悪友といえば即座に何人かを思い浮かべることができるだろう。彼らと付き合ったことに少しも悔いはないけれど、今は一人として付き合いがないことが悪友であった所以かもしれない。

君たちには私は以前から「友達は選びなさい」と言ってきたと思う。かつて私に本当にたくさんの友人、知人がいたのを覚えているだろう。十年前、私が会社を倒産させ東京で暮らし始めたころ、何人かの友人が私を探し当て、手紙や電話をくれ、中にはわざわざ東京まで訪ねてきてくれた人がいた。私が倒産という大きな挫折を経験したとき、去っていった人たちが多くいたけれど、そうやって支えてくれた友人も多くいた。君たちにはぜひこのことを知っておいてほしい。

感情が心を乱す

「人間関係が…」と言う前にまず自分の感情を整える

かなこがニューヨークから帰国して外資系の会社に勤め、急ぐように結婚してもう九年になる。かなこが会社を辞めて義兄の不動産開発会社を手伝い始めたころ、兄嫁との関係がうまくいかず、いつも悶々としていたのを覚えている。

その後、かなこは宅建士の資格を取り、自分で不動産エージェントとして仕事を始めた。初めは家族の知り合い、友達などのつてで案件をもらっていた。そして少しずつ知り合いを増やし、自分の輪を広げ、仕事が増え始めた。今では多くの人の支えがあって、かなこなりのビジネスモデルができつつある。そんなかなこから、時折、私に相談がある。その多くはビジネスパートナーたちとの関係、もう一つが顧客との関係がうまく作れないというものだ。

かなこは子どものころ、なかなか難しいところがある子だった。神経が細やか過ぎ、人が言うことに敏感に反応する。人一倍、他人のことが気になるようで、人への気配りが行き届く子どもだった。人に優しく、人への思いやりがあり過ぎるほどあった。一方、内面では負けん気が強く、男勝りの侠気を持ち合わせていた。

そんなかなこが自分でビジネスを始めた。当初は日々ストレスが溜まっていたようで、よくイライラしていたが、私がいつも言っていたのは、とりあえずかなこ自身の感情の高ぶりを静めなさいということだった。誰かと話をする前に、かなこの不安定な感情を整えなさいということだ。

対人関係は、自分の心の在り様次第

対人関係がうまくいかずに悩む人が多いけれど、その前に、自分の心の在り様をよく見てほしいと思う。人には誰でも感情がある。そして誰もが感情が高ぶったり落ち込んだりするものだ。人と人とが互いに感情の赴くままに意見を言い合えば、当然軋轢が生じる。

でも、どちらか一方がうまく自分の感情を整えることができたなら、たとえ相手が感情むき出しであろうと冷静な対応対処ができるはずだ。私がかなこにまず自分の感情を整えなさいと言っているのはそういうわけだ。対人関係を言う前に、自分の感情を整えてみる。

これができればそう悩むことはない。

私は中国古典『大学』『論語』『孟子』『中庸』を独学で学び、それぞれビジネスという観点から読み解き、経営者、後継者の方に個人セッションで伝えてきた。中でも『大学』は人の上に立つすべての人にぜひ読んでもらいたいと思っている。その『大学』の中で、人の上に立つ者は自分の感情をコントロールすることが大切だと説いているところがあるので紹介する。

自分の感情をコントロールできないと、正しい思慮と決断ができない

人の感情には「忿懥（ふんち）」、「恐懼（きょうく）」、「好楽（こうらく）」、「憂患（ゆうかん）」といった感情がある。

「忿懥」は怒るという意味で、体を震わせ身もだえするほどの激しい怒りの感情のこと。こういうとき、人は正常な判断ができない。

「恐懼」というのは、恐れおののくという意味。目上の人から理不尽に叱られたり、処分されたりしたときの感情。このようなとき、人は正常な判断ができない。

「好楽」は好きで楽しくて仕方ないといったとても高揚した感情。このようなとき、人は正常な判断ができない。

「憂患」とは、非常に心配なことや悩みからくる感情のこと。このようなとき、人は正常な判断ができない。

このように「忿懥」「恐懼」「好楽」「憂患」など、自分では抑えようもない、どうしようもない感情が満ちていると、人は何かを見ているようで、その実、何も見えていない、人の話を聞いても、じつは何も耳に入ることがなく、どんなご馳走を頂いても、その味がわかることがない、といった状態になるものだ。

人はとかくいろいろな感情に左右される。自分の感情をコントロールするのが困難なときが結構あるものだ。このような状態のときでも人は判断をしなければならないことが多くある。人の上に立つ人でなくとも、自分が下した判断が間違ってしまえば、後々大きな後悔や災いに煩わされることになる。そうならないために、自分の心の在り様を平常に保つことが重要になる。そのためには、自らの修養が大切だということである。

『大学』では、感情を制御するには日ごろからの修養が必要だと言っているが、もっと具体的な方法がないのだろうか。人は自分のいろいろな感情をどうすれば制御することができるのか。『中庸』の中に次の一節を見つけたので紹介しておく。私の下手な訳で恐縮だが次のとおり。

「喜怒哀楽などの感情が起こる前の平静な状態を〝中〟という。喜怒哀楽などの感情が起こりはしたが、皆が節度を守っている状態を〝和〟という。中こそ天下の根本である。和こそ天下を平穏ならしめる知恵である。中と和がうまく働いてこそ万事万物が落ち着き、あらゆるものがうまく育つのだ」

このままでは何を言いたいのかよくわからないだろうから、さらに解説すると…。

人間誰もが持つ、喜び、怒り、哀しい、楽しいといった感情を外に表すことなく、自らの中でうまく制御した状態を「中」という。そして自分の感情をうまく制御して節度を守っている状態を「和」という。人間誰しも常に喜怒哀楽を押し殺したまま生きるということはあり得ない。孔子もそれを求めているのではない。節度を守るということは、泣きたいときは泣くべき時と場を考えて泣きなさいということである。楽しいときは、時と場を考えて思いっきり楽しみなさい。喜怒哀楽といった感情を出すなら、時と場を考えて出しなさいということ。そしてこの状態を「和」というのだと。

いかがだろうか。私の理解では孔子はこう言っている。喜怒哀楽などいろんな感情に、人はその言動を左右されるものだ。ただ感情の赴くままにしていたなら、人は正しい判断ができず、人との関係を悪くしてしまう。自分の感情を制御できずにいる状態にしておくと、どんどん人間関係が悪くなってしまう。よって、何よりも自分の感情を制御することが必要である。

　ではどうすれば感情を制御できるのか。

　孔子は言う。喜怒哀楽などの感情を無理に押さえつけず外に出せばいいのだと。ただし時と場所を考えて出すことが大事だ。悲しいときには思い切り悲しめばいい。ただし時と場所をよく考えて悲しめばいい。嬉しいときは思い切り喜びなさい。ただし時と場所を選んで喜びを爆発させればいい。

「中」というのは感情がコントロールできている状態であり、「和」というのは時宜を得たうえで感情を発散させ感情をコントロールしている状態のことだ。

　さて、またかなこに小難しいと叱られそうだ。人は誰しも同じような感情を持つ。その感情をコントロールする方法として多く言われるのは、起伏を制御することだ。感情の波の高低の幅を小さくすることだという。孔子が言っているのは感情の起伏を制御するのでなく、時宜を得て感情を吐き出させなさいということだ。

　最近、高校時代の友人たちとオンライン談話で楽しんだ。久しぶりに大きな声を出して笑い合った。こんなにスッキリと爽やかな気分になったのは久しぶりだ。こういうことも「和」につながるのである。

Episode 10

人物評価が正しければ、判断を誤らない

相手を正しく評価すると接し方を誤ることがない

「ラッキーボーイ」——

私が前の会社を経営していたころ、ある男性のことをそう呼んでいた。特に私の家族に彼の話をするとき、いつも最後に彼のことをわざわざそう呼んでいた。

彼は広島近辺で川砂の採取業をしていたが、国内で川砂採取に厳しい規制がかかり廃業せざるを得なくなっていた。その彼のところへ、「中国で川砂採取をやらないか」との話がきたようだ。ところが彼は、川砂採取船は持っていたが、中国で採取するには資金がなく困っていた。そんなとき、私の会社の大阪支店で営業部長をしていた男と人を介してつながった。

ある日、私に営業部長からその「ラッキーボーイ」を紹介された。彼の第一印象は胡散臭さがあるものの仕事への取り組みはしっかりとしていると私には思えた。

生コンクリート生産の際に必要な骨材の一つが砂である。砂には山砂、川砂、海砂とあり、

品質的に安定し比較的低コストで採れる川砂が一番好まれていた。当時の日本は環境問題に敏感な時期で、自治体が川砂採取を規制して禁止しているところが多かった。そういう事情から、海外から川砂が少しずつ輸入されるようになっていた。その多くが一時期は北朝鮮から輸入されていた。私の会社は生コンクリートの販売会社であり、セメント供給商社でもあった。そういう状況の中でこの話が舞い込んできたのである。私とすれば中国からの川砂輸入が可能であり、それが安定してできるなら悪い話ではないと判断したのだ。

そして、ラッキーボーイをビジネスパートナーとして中国での川砂採取事業がスタートすることになった。ところが、半年が経ち一年が過ぎても中国から一向に砂が入らなかった。彼とは電話で頻繁に連絡を取り事情は聞いていたのだが、そのつど「もう少し時間がかかる」との返事ばかりだった。その間、彼の会社への資金援助を続けていた。

損得勘定が先に立つと正しい人物評価ができない

そうこうするうちに二年が過ぎた。その間、私自身も何度か中国に渡り、彼が言っていることの真偽を確かめていた。福建省のある港に砂を仮置きし、日本までの大型輸送船に積み込む作業がようやく開始できたのが三年後のことだった。

そうしてようやく、中国からの第一船が大阪港に入港したとの知らせに私は安堵した。半月後、第二船が入港した。だがそれ以降、日本に中国の川砂が輸入されることはなかった。中国政府が川砂の輸出の全面禁止を発表したのだ。寝耳に水のことであった。三年かけてようやく動き出したと思ったら、突然の禁輸、それまでの事業への投資がすべて無駄となった。彼にとっても私と同じように衝撃であった。

会社にとってこの事業の失敗は大きな損失となった。社長として私の失策だった。私はなぜ彼を「ラッキーボーイ」と呼んでいたのだろうか。その三年の間、私が家にいるとき彼からよく電話がかかった。家族がその電話をよく聞いていた。中国での彼との事業がうまくいっていないことは家族にもわかっていた。家族は「お父さんが彼に騙されている」のだと思っていた。そんなとき私が家族に言っていたのが、「そんなことはない。彼はお父さんにとってラッキーボーイなんだ」と。

家族は私の話から彼の人物評価をしていたのだと思う。おそらく家族の彼への評価がじつは正しかった。私の彼の評価には、彼との事業がうまくいくことによって得る会社の売上と利益が大きく影響を及ぼしていたのである。冷静に彼の人物評価をすることなく中国事業にのめり込んだことが私の大きな失敗であった。そのことに薄々気づいていたからこそ、彼を「ラッキーボーイ」と呼び続けたのだと思う。私の会社の中国事業への投資は、結果として彼の会社への貸付となって焦げつくことになった。

私に限らず、人物評価をするとき、相手へのさまざまな感情が先に立つものだ。そのことが人の評価を誤らせてしまう。中国古典『大学』に次のような一節がある。

「人は誰でも自分が愛する者に対して溺れてしまい偏った見方をする。同じように嫌いな者に対して卑しんで偏った見方をする。また、尊敬し畏れ敬う人に対し恐れおののき憚ることで偏った見方をする。そして、貧しく困窮する者に対して憐れんで偏った見方をする。さらに、自分が見下す者に対して驕り高ぶって偏った見方をしてしまう」

『大学』の著者は諸説あるようだが、よく言われているのが孔子の弟子である曹参である。『中庸』の著者は孔子の孫である子思だと言われている。いずれも孔子の思想、哲学といったものを後世に伝えることに生涯をかけたと思われる。よって先のような一説は孔子が多くの門人たちによく語っていたものだと思われる。そういう意味で孔子がそう言っていたと私は思っている。

好き嫌いで判断すると人物評価を誤る

私がラッキーボーイを評価するにあたり、いろいろと偏った見方をしていたのだろう。私は彼がお金にルーズであったことを承知で付き合っていた。少々は仕方ないかと許していたと思う。なぜなら、根本のところで彼のことが嫌いじゃなく好きだったからである。さらに、彼が事業を失敗し、お金に困っていたことへの同情、憐憫の気持ちがあった。そして、一端の経営者であると思っていた私は驕り高ぶっていたので、彼を見下す気持ちがあったのだろう。そういう彼への感情が、彼の人物評価を誤らせていたのだと思う。

今でもラッキーボーイのことを思い出すことがある。妻や娘に「ラッキーボーイ、今どこでどうしているやろ」と言うことがある。あのころ事業がうまくいかなくて私に電話をかけてきて「社長、私、今、明石大橋の上にいます。社長に申し訳なくてこれから橋から飛び降ります。社長お世話になりました」と、何度か言っていた。そのつど私は「後のことは任せとけ。飛び込んでええぞ」と言っていたのを思い出す。

孔子が言うように、人はとかく感情によって人の評価を誤ってしまうものだ。では、どうすれば人物評価を誤らず人を正しく評価、判断することができるのだろうか。じつは孔子はそのことも教えてくれている。

孔子は言う。

「まず、その人の行いを視る。次になぜそうしたのかをその理由を観る。最後に、そうしたことで、心が安らかで楽しめているのかどうかを察する。そうすればその人の真価は隠しようもなく露わになる」

人を評価し判断する手順として、まず相手の行動をよく見なさい。そして相手がなぜそんな行動をとったのか、その理由をよく洞察してみなさい。そして相手がその行動をとった結果、いかなる心境にあるのか、楽しめて安んじられているのか、それとも心が乱れ動揺しているのかをよく観察してみなさい。そうすれば大概の人の評価ができるものである。

人との関係で相手を正しく評価できないにもかかわらず、安易に大事なことを共にすることは慎まねばならない。

Episode 11

とことん相手を思いやれ

相手の気持ちを思うことができれば人間関係で悩むことはない

私の母親の話をしておこう。

君たちは誰も私の母親のことは知らない。みなこが生後六か月のとき突然クモ膜下出血で亡くなったからね。みなこが生まれたのがとても嬉しくて、日がな一日ずっとみなこの顔を眺めていたらしい。かなことまさあきの顔を見ることなく亡くなったけれど、きっと喜んでくれていると思う。

母は子どものころから体が弱かったらしい。確か心臓と腎臓に疾患があったようだ。私を妊娠したとき、医者からは危険だと言われていたのに無理をして産んだのだと思う。私が成人するまで、私が結婚するまで、そして私の子を見るまで生きていたいと願っていたのだ。長女みなこの顔を見られたことで安心したのだろう。

私の母方の祖父は戦前、大阪で割と大きな印刷会社の役員をしていたという。その後、その会社が今の大日本印刷に吸収されることになり、自分で印刷会社を起こしたと聞いている。

祖父は技術肌で真面目で融通がきかない人だったという。独立直後から経営がうまくいかず、軌道に乗ることなく倒産したという。その後は債権者に追われるように長男が経営する薬局店の二階で逼塞するように暮らすことになる。

私の母は男二人女二人の兄弟姉妹の次女として生まれた。母が子どものころは女中さんが二人いたというから、比較的裕福な家庭であった。

母は文字どおりのお嬢さん育ちで、性格もおっとりとしたものだった。女学校を卒業したあと、祖父が破産するまで花嫁修業のつもりで大阪のドレスメーカー学院で洋裁を習っていた。特にどこかで仕事をすることもなく、実家で両親と暮らしていた。

母にすれば祖父の破産は青天の霹靂であり驚天動地であっただろうと思う。これから誰に頼れるわけでなく、自分で生きていかなければならなくなったのだから。祖父と母と弟の三人で、長兄が経営する薬局店の二階で居候として暮らしていた。その後、母はドレスメーカーの先生から紹介され、淡路島の田舎にあるドレスメーカーの講師の職に就くことになった。

そのドレスメーカーの経営者が私の父だった。当時、父は先妻を亡くし二人の娘がいた。

先妻の実家が田舎で幼稚園とドレスメーカーの洋裁学校を経営していた。

当時の母の写真が残っている。田舎のドレスメーカーが年に一度開くファッションショーでの写真だ。田舎に唯一あった映画館での催しだ。父がマイクの前で開会の挨拶でもしているのだろう。母は自分が作ったドレスを着て写っている。とても都会的で上品で美しい。母より一回り上の父が目を付けないはずがない。あれよという間に結婚することになった。

会社を潰し、長男の家で居候の身である祖父は、母の結婚に何も言わなかったらしい。高校生だった母の弟が泣いて反対したようだ。祖父が貧乏したせいで大好きな姉が一回りも年上の四十歳の男、しかも先妻との間に二人の娘がいるところへ嫁ぐことに腹を立てた。その後まもなく私が生まれたことで、母方の家族がひとまず安心したという。

都会で育った母が淡路島の田舎で暮らし始め、平穏であったのはごくわずかであった。家には先妻の母親が健在であり、先妻の二人の娘がいた。年が離れているから優しくしてくれると期待していた夫は、女癖の悪い男として有名だった。私が物心ついたころは父の帰宅は週に一回だった。そのころ父は幼稚園と洋裁学校は母に任せ、街で建材会社を経営するようになっていた。その会社の経理責任者であった女性と街で別宅を構えていた。

私が中学、高校と進むころには、父が家に帰るのは二週間に一回だけとなっていた。父の女癖は死ぬまで変わらず、何人の女性がいたかはよくわからない。

私の母の結婚生活はこんな風だった。母はまことにおっとりとした様子で、私にはただただ優しい母であった。都会育ちの母は死ぬまで田舎に慣れなかった。事あるごとに京阪神に住む兄弟や姉のところへ幼い私を連れていった。いつごろだったか、母が夜遅くに独りで日本酒を飲みながら涙を流していた姿を覚えている。母の女としての人生を思うと、あのときの母の姿が忘れられない。

そんな母に叱られた記憶は全くない。ただ一度だけ母を悲しませたことがある。幼稚園のころであったと思う。

「恕」——人にされて嫌なことは決して人にしない

そのころはまだ幼稚園に併設して洋裁学校があった。運動場で私は友達と遊んでいた。それを洋裁学校から母が見ていたのだろう。私が友達に何かした。母が飛んできて悲しそうな顔をしていた。母は確かこう言っていた。

「あなたが誰かにされていやなことは友達にしたらいかんよ」

「あの子の気持ちになって考えないかんよ」

『論語』を読んでいて驚くことがたくさんある。

孔子が弟子の子貢に聞かれたことがある。「先生、一生涯大事にすべき言葉は何でしょう」と子貢が聞くと、孔子は「それは恕(じょ)である。自分がしたくないことを人に強いてはならない」と言った。母が幼い私に言った言葉とそっくり同じだ。母が『論語』を読んでいたとは思えない。私は母の言った言葉として確かに覚えている。同じ言葉を孔子が最も大事な言葉だと弟子に言ったとは、驚くほかない。

母は誰かに嫌なことを言われることがあったとしても、母が誰かの悪口を言うことは決してなかった。人はとかく自分に何か禍が降りかかると、誰か他人の責任にし、誰か他人を悪く言うものである。結果、他人の怒りが自分に返ってくることになる。また人は自分に甘く、他人に厳しいのが常である。それでも他人を非難することなく、他人を思いやることができるなら、人生を大過なく過ごせるのでなかろうか。少なくとも私の母の一生を見てそう思う。

孔子はさらに言う。人がされて嫌なことはしないというだけでなく、人がしてほしいと思うことは積極的にしてやれと。

会社などで自分が出世したいと思うなら、まず他人を出世させてやりなさいというわけだ。人の世とは不思議なもので、俺が俺がと誰よりも出世欲が強い者が必ず出世するとは限らない。それとは真逆な者、自分よりまず他者を立てようとする者ほど出世する。まことに人の世とは不思議なものである。

君たちに私の母のことを覚えておいてほしいと思う。母の一生は語るほどのことなど何もない。自分が嫌なことをされても他人を悪く言うことなく、息子に他人を思いやれと言い残しただけの一生だ。

Episode 12

親子関係は難しい。兄弟姉妹の関係はさらに厄介だ

お互いの信頼、譲歩がなければ身内ほど関係性が悪くなる

私のような父親が今君たちとそう悪くない関係でいられるのは、ひとえに妻、君たちの母親のお陰だろう。君たちが小さいとき、私はほとんど家におらず、妻が一人で君たちの面倒を見ていた。

三十歳から父親に代わって社長をしていた私は、一日でも早く社長として、社員はもとより取引先に認めてもらいたいという思いが強くあった。そのため無理をし、いつも背伸びをしながら歩いているようなものだった。そのせいか、若気の至りとも言えるが、そのころの私は鼻っ柱が強く、我が強く、いやな若社長であったと思う。当時の私は家に帰っても外での自分の創り上げたイメージを脱ぎ捨てられずにいた。

夫（父親）の悪口、妻（母親）の悪口は決して子に言わない

自分の旦那の悪口を子どもたちに平気で言う母親が結構いる。夫の嫌いなところや夫の気に入らないところを子どもたちに平気で言っている。そうなると外で働く父親の分が悪くなるのは当然だろう。そのうちに母親が言っていることと同じことを子どもたちが父親に言いだす。

私の場合、妻が子どもたちに私の悪口を言うことがなかった。君たちにそう聞いたから間違いないだろう。お陰で家での私のイメージがそれほど悪くなることなく済んだのだと妻に感謝している。

古今東西、親子の関係は複雑で難しいと言われる。小説や舞台で親子の確執をテーマにしたものは多くあるが、どうすれば親子の関係がよくなるのかを描いたものはそう多くない。人類の長い歴史において、親子の関係の悪さは改善されることなく延々と引き継がれている。私もそうであるが、私の父親とは確執があった。気づいてみると、私と私の息子の間にも確執ができていた。同じようにして、人は延々と繰り返し親子の確執を引き継いできたのである。

親子の関係がどうしてうまくいかないのかを考えるとき、私は親側の問題が多くあると考えている。私が考えるうまくいかない理由を七つ挙げておこう。

1. 父親が子どもに自分の考え方、価値観を押しつけようとする。
2. 父親が自分の経験値ですべて判断する。
3. 父親が子どもに対し感謝を強要する。
4. 父親が子どもに過度な期待をする。
5. 父親がいくつになっても子どもを認めない。
6. 父親は子どもには父親を理解できないと思っている。
7. 父親は子どもに黙って父親の背中を見ていろと言う。

以上、七つの理由があって子どもは父親に不信感を抱き、反発することになる。講演などで私がこの話をすると、参加している多くの後継者が肯きながら笑うことになる。話を聞きながら、自分の父親がどれにも当てはまるといって苦笑いをしている。そういう子どもたちの気持ちを知らず、父親は子どもを教育しようとあれこれと言うのだ。当然、子どもたちは反発する。

孔子には鯉という息子と娘がいたようだ。『論語』で孔子の子どもたちが登場することは非常に少なく限られている。息子の鯉が登場するのは二度だけである。『論語』では、父親に対する子どもたちの接し方は幾度となく言及されているが、父親が子どもに対してどうあれということにはほとんど触れられていない。孔子と息子の鯉との関係がどうであったかもよくわからない。ただ確かなのは、孔子は息子だからといって特別扱いをせず、多くの他の弟子と同じ扱いであったということである。

父親が直接子どもを教えようとすればするほど、親子の関係は悪くなる

『孟子』で親子について書かれたところがあるので、少し長くなるが紹介する。

孟子の弟子が尋ねた。

「昔から君子は自分の子を自分で教育することがなかったということですが、それはなぜなのでしょうか」

孟子は「それは父親が直接子どもを教えることが、結果として親子の関係を悪くするからだ」と答えた。

子どもに教えようとする父親は絶対の自信と確信をもって子どもに事の道理、正しいことを教える。しかし、教えたことを子どもができない、わからないと、父親はついつい怒りをもって叱ろうとする。本来、よかれと思って教え始めたことが、かえって子どもとの関係性を悪くしている。

子どもは父親が自分に厳しく教えようとするものの、父親の行動を見ていると「自分ができていないことを私に強いている」と思い不信感を抱く。これでは親子双方の不信の連鎖が止まらない。親子の関係が悪くなることは決していいことではない。

だから昔の人は他人の子と自分の子とを取り換えて教えていたものだ。特に親子の間で堅苦しい道徳のみを無理に押しつけるのはよくない。無理強いすれば親子の関係性が悪くなる。親子の関係が悪くなるほどの痛恨事は他にない。

孟子は今から二千三百年前の人物だが、現代の親子の話をしているのかと思える。結論から言うと、孟子は、父親が自分で子どもを教育しようとせず、第三者に子どもの教育を任せなさいと言っている。

父親は親としての責任と義務から、子どもにいろいろ教えようとする。子どもにはそれがたまらなく鬱陶しく反感を覚えてしまう。正しいことを子どもに教えようとして子どもとの関係性を悪くするなど本末転倒も甚だしい。同じ話を父親でなく他者から聞くほうが素直に聞けるという経験を多くの人がしているはずだ。父親の姿勢が変われば子どもとの関係性が変わっていく。

私は妻に驚かされることがいくつかある。その一つは妻の父親が亡くなったときのことだ。妻の実家は田舎で老舗の材木会社を営んでいた。妻には兄と弟がいた。その当時では決して少なくない財産を義父は残した。相続のとき、妻は一切何もほしがらず兄弟二人に譲った。恬淡として私は何も要らないと言った妻には本当に驚かされた。

その後、弟が自分の会社を潰したことで兄弟の仲が悪くなった。妻が相続を譲ったのは兄弟二人が仲良く義父の事業を続けてくれたらと願ってのことだった。残念ながら妻の想いが彼らに伝わらず、今も互いに音信不通の状態となっている。

兄弟姉妹が仲良くするコツ

兄弟姉妹の関係もまた難しく厄介なものだ。妻の実家のように、兄弟が父親の会社で仕事をしているケースは少なくない。父親が健在な間はいいのだが、ほとんどのケースで、父親がいなくなった後に問題が表面化する。兄弟が互いに譲らず自己主張をする。そして衝突し仲違いをする。兄弟ともに言い分はある。

兄弟が仲良くするには前提がある。兄は弟を可愛がり慈しむこと。弟は兄を慕い、兄を立てること。さらに互いに譲ること。

言葉で言うのは簡単だが、現実にはそうはいかない。特に相続が絡むと話が複雑で厄介なことになる。私の場合、残念ながら君たちに残す財産は何もない。分けるものがないので取り合うこともない。これを言うから妻や君たちにまた叱られる。

第3章

経営の話をしておこう

Episode 13

経営するということは、生涯学び続けること

経営者には誰もがなれるが、経営し続けることは難しい

私は二〇一〇年春に建設資材販売会社と子会社二社を同時に倒産させ、翌二〇一一年春に東京でビジネス・イノベーション・サービス株式会社を設立した。妻が代表取締役、私が取締役、二人だけの会社だ。

会社の倒産後しばらく、兵庫県尼崎市にある親戚の薬局店の離れで妻と二人居候させてもらっていた。当時は先のことを考えられる心境ではなかったが、会社と個人の破産手続きがすべて完了するまでは動かないと決めていた。総額四十五億円という多額の負債で多くの方々に迷惑をかけたので、しばらくは謹慎せねばという気持ちであった。法的整理が完了するまで半年の間、私の母の兄の薬局店の裏座敷で妻と二人居候させてもらったのである。

伯父の薬局店は阪神尼崎駅を出たところにある中央商店街の中にあった。あの辺りは首

都圏でいうなら川崎市によく似たまことにディープな下町だ。以前からその商店街は人出が多く、騒々しいくらいの賑わいがあった。私たち夫婦が居候していたときも、景気がよくないころであったが、相変わらず結構な人出に驚いたものだ。伯父の薬局店は商店街が出来始めたころからの店で、店舗は老朽化していた。九十近い伯母が店を切り盛りしているが、近隣の薬局チェーン店やドラッグストアに客が流れ、訪れる客はわずかだ。

　妻は伯母の家事を手伝っていたが、私は日がな一日散歩を兼ね界隈を探索しつくしていた。妻と二人手をつないで商店街を抜け、初めて歩く街並みを眺めながら時間が過ぎるのを待っていた。

　その年の尼崎・蓬川（よもがわ）の桜は満開で眩しいくらいであった。夏を迎え法的整理の目途が立ち始め、ようやくこれからのことを考え始めた。東京に出て何かビジネスをしよう。誰か知人がいるわけでも土地勘があるわけでもないのに、なぜか東京へ行くことだけが前もって決められていたかのように東京の下町へ向かった。

　東京に出た私がまずしたことは、四谷にある経営大学院への入学だ。随分と悠長で暢気なものだと思われるかもしれない。破産した元経営者が経営大学院へ通うなど聞いたことがないだろう。所持金が減る一方で不安であったが、どうしても行かねばと思っていた。私は経営者を二十三年間やってきた。その私がなぜ会社を倒産させることになったのか、その理由と原因を知りたかった。これから新しく何かを始めるのに自分の過ちを曖昧にしたままでは前に進めない。そう思ってはいたが、本当は、ただ経営学という学問を一度覗いてみたかったからかもしれない。

所持金の都合があり、経営大学院は残念ながら半年間の基礎科目だけで修了した。若い学生に混じっての授業が新鮮で楽しかった。毎晩遅くまで次の授業の準備をし、朝から電車に乗って通学した。久しぶりの学生気分だ。いや、あのころ以上に学ぶことが楽しく思えた。基礎科目だけであったが、じつに充実していた。

しばらく学んでいると、こんなことも知らず経営していたのかと思うことがたくさん出てきた。確かに経営は実践なので経営学なぞ知らずともできる。しかし知らぬよりは知っていたほうが絶対有利であるのは間違いない。私のように経営に必要な知識を持たない経営者が多くいる。彼らに私が経験して得たことを伝えたい。そう思うと居ても立ってもいられない、そんな気持ちが湧いていた。

一つの会社、一つの事業を長く続けることは難しい

現在私は、これまでの私の経験を経営者と後継者の方に伝えたいとの思いで、「親子経営

コンサルタント」として活動している。

私の活動を通じて知る経営者の多くが非常に真面目で、よくいろんなことを勉強していることに驚いている。私自身経営者であったときのことを思うと恥ずかしく思えてしまうことが度々ある。彼らが知らない失敗から得た経験は、私にしか話せないと思っている。成功者の話は面白く楽しく聞ける。私のような失敗者の話は誰もが同じ過ちを犯しそうで身につまされる。また、成功者の話は簡単には真似できない。失敗者の話は同じような過ちをしなければいいだけのこと。私の話をそう考えて気楽に聞いてもらえればありがたい。

今の時代、一つの会社を長く経営することは昔に比べて相当難しくなっている。企業の寿命、事業の寿命がだんだん短くなっている。それだけに経営が難しい。起業は簡単にできるが、それからが大変だ。経営はいったん始めると簡単には止められない。いつのまにか経営を継続することが一番の目的となり、当初の目的が忘れ去られてしまう。いったい何のために経営しているのかがわからなくなる。

企業が順調に成長している間、経営者は有頂天でいられる。だが、どの会社もどの事業も必ず業績は頭を打つ。それからしばらく微増微減が繰り返され、いわゆる踊り場が続く。そして多くの企業が右肩下がりに転じることになる。踊り場を経て右肩上がりに再び転じる企業がじつに少ないのが現実だ。

できれば業績がよいときに事業の改善、見直しに取り組み、さらに言えばもう一つの柱となる新たな事業を創り出せれば最高だろう。しかし、現実はそう簡単にはいかない。創業者は自分が創り上げた事業を簡単に変えられず固執する。新しい事業になど見向きもしない。その結果、微増微減の踊り場を繰り返し、最後には右肩下がりに転じてしまう。後継者や役員たちがいくら声を上げても頑固な創業者は言うことを聞かない。日本の中小企業でよく見られる光景だ。

学び続けなければ会社経営は停滞する

経営者の資質が企業の運命を左右する。経営者次第で企業の業績が変わる。だから経営者に求められる責任は大きい。経営者が偏屈な頑固親父で誰の言うことにも耳を傾けない。これでは次の世代が大きな迷惑を被ることになる。経営者が柔軟に臨機応変に、そして冷静に物事を考えられることが好ましい。そのために経営者は自ら努力して多くのことを学ばなければならない。

経営者が学ぶことは自らの人格を高めることに他ならない。経営者の学ぶ姿が社員の共感を得て、彼らのモチベーションを上げる。経営者と社員が共感し共鳴することが企業業績を押し上げることにつながる。

『論語』に次のような一節がある。

「学ぶということは先を行く誰かを追いかけているようなものだ。さらに先行く誰かを見失わないかと焦るものである」と。

経営者はいつも自分より優れた経営者を追いかけ追い越そうと努力している。まるで目標とする経営者を見失うことを恐れているかのように日々真剣に努力している。

経営者が学び続けることが必要であることは言うまでもないが、ただ学べと言われても容易ではない。そこで共に学べる友がいれば学ぶに寂しくはない。さらに学ぶ師がいれば心強い。経営者に共に高め合うことができる経営者仲間がいればありがたい。経営者が経営の師と仰げる人を持つことができればこんな嬉しいことはないだろう。

私にもかつて経営の師と呼べる方がいた。師の一言一句を逃すまいとできる限りそばにいた。怒られても叱られても嬉しく思えた。たまに褒められると嬉しくて元気になり勇気が出た。経営者も人の子、一人のナイーブな人間なのである。

Episode 14

経営者は会社の使命を語れ

経営者が使命を軽視し放棄することは自滅に等しい

ライザップの話をする。

三年ほど前、かなこの旦那と一緒にライザップ本社へ行ったことがある。私の顧問先の商品を扱ってもらえないかとお願いに伺った。

初めて出向いたライザップの本社は、入るなり肌で感じるほどの熱気が充満していた。私がお会いした担当マネージャーはどの方も三十代前半くらいだったと思うが、話していてとても気持ちがよくとにかく明るかった。その年は売上が上昇し、利益は大きく伸びており、好調な業績に裏打ちされて、株価も連日高値を付けていた。何人かのマネージャーにお会いしたが、スタッフそれぞれ自分がライザップを背負っているかのようで、自負心に溢れているようだった。

その数日後、たまたまテレビで瀬戸健社長が出ておられるのを観た。ライザップといえば、「結果にコミットする」というキャッチコピー、というよりビジネススローガンを瀬戸社長自らその由来を語っていた。「顧客一人ひとりの要望を実現するために、われわれは結果にコミットするのだ」と自信と確信をもって言っておられた。

私はその放映を観たとき、ライザップ本社で出会ったマネージャーたちの言動を理解できたと思った。スローガンに込められたミッションを彼ら社員が体の底から共感し共鳴していると感じた。おそらく、社内で「結果にコミットする」という言葉を社員みんなが徹底して諳(そら)んじているのだと思えた。

ライザップは、パーソナルトレーニングジムのみならず、ゴルフレッスン、英会話も個別対応で事業化している。それぞれが顧客の要望する結果にコミットするというコンセプトの上に出来上がった事業で、まことに整合性がとれ素晴らしいと思えたものだ。

ところが、ライザップの利益構造に問題があるとささやかれ始めることになる。二〇一八年三月期決算では、売上は千三百六十二億円、最終利益九十二億円であった。数字だけ見れば結構な決算だ。じつはこれらの利益を生み出したのが本業ではなく、六十社を超える買収先の「負ののれん代」を利益計上していたことが判明した。

ライザップは本業のボディメイク事業以外に、企業買収により規模を拡大していた。買収先に実際支払った金額と買収先純資産との差額を負ののれん代として利益計上していた。

買収の際、できるだけ安く買いたたき、帳面上の純資産との差額をできるだけ大きくし、それを利益として計上していたということだ。これは利益の先食いのようなもので、買収した子会社の業績が回復しないと、先々で大変なことになる禁じ手とされる。おそらく金融機関からはそれを危惧されていたのだろうが、容易に利益が計上されることから止められずにいたのだろう。

「成長」と「膨張」をはき違えていないか

そんな中、経営再建のプロでもあるカルビーの元会長松本晃氏がＣＯＯ（最高執行責任者）としてライザップの経営に参画することになった。この報を聞いた私は、瀬戸社長がどこまで松本氏に任せられるかが勝負だなと思った。そんな私の危惧が当たってしまい、松本氏は就任半年で去ることとなった。

当時の松本氏のコメント「ライザップは成長と膨張をはき違えていた」という言葉がすべてを物語っている。企業内部での抵抗勢力との軋轢などいろいろな原因があったのだろうが、松本氏が半年で去ったことはまことに残念だった。ただ松本氏の進言で今後企業買収は凍結することが決定したことは何よりなことと言える。

その後ライザップは二〇一九年三月期、売上二千二百二十五億円、最終赤字百九十三億円を計上し、世間を賑わせた。さらに二〇二〇年三月期、売上二千二十九億円、最終赤字六十億円と、再建途中にあることをうかがわせている。ただ来期予測はコロナウイルス禍で減収が大きく、大変厳しい決算となるのではと推測される。

ライザップの業績評価には諸説ある。私が言うとすればただ一つ。「顧客の要望する結果にコミットする」というスローガンどおりの経営戦略を貫徹すればこうはならなかったということ。非常に面白いビジネスモデルができていた可能性があったと思えるだけに残念だ。

最近のライザップの経営戦略を見てみると、キャッチコピーとして「全ての人が、より健康に、より輝く人生を送るための『自己投資産業』」とあった。これからのライザップがこの言葉どおりの経営戦略で邁進されることを心から期待する。

「結果にコミットする」というキャッチコピーは、顧客と社員には驚くほど浸透していた。残念なことに、肝心の経営陣がこの素晴らしいキャッチコピーを軽視していた。彼ら経営陣が何を目的として企業規模を拡大しようとしたのかが不明である。ライザップにはこれ以上ないミッション（使命）があったにもかかわらず、経営陣が不明であったせいで、ミッションを活かすことができなかったことが不振の真因と言えよう。

君子は天命を知り、経営者は使命を明確にする

ユニクロの柳井正社長は、会社にとって「使命」が大事だと言っている。経営者は自分の会社の「使命」を明確にしておくべきだ。あなたの会社の「使命は？」と聞かれたら、経営者はじめ社員全員がこうだとはっきりと言えるようであってほしい。

会社の使命が明らかになることの効用は多くのものがある。経営者は使命を意識することで行動が明確になる。経営者が今何をすべきか、今後どうすべきかが明確になれば、迷うことなど何もない。社員に至っては、使命が明らかであれば自信と自負をもってそれぞれの業務に邁進できる。顧客はその会社の使命に賛同、共感したうえで商品、サービスを利用してくれるだろう。

私の不徳の一つは、会社の使命を明確にできていなかったことだ。私自身が自分の会社が何を目的としてあるのか、何のために存在しているのかを確信をもって他者に語れなかった。父親から継いだ会社だからと使命を語れない言い訳にしていたのかもしれない。経営者として不明であり不徳であったことを恥ずかしく思う。

『論語』の中に次のような一節がある。

「天命を知ることがなければ、君子であることはない」

私が思うに、「この世には必然の理がある。そして人には必然の世の中で自分がとるべき道がある」ということだろう。人には天命という如何ともし難いものがある。そこには自分の力ではどうにもできない天然自然の理というものがある。一方で、己が何のために生まれ、何をするために生きているのかを突き詰めねばならない。その中に自分がとるべき道というのがある。それが「使命」である。

人とは不思議なもので、自分の使命が明らかになれば、自ずと自分が為すべきこと、進む道が見え、すっきりとした気分になるものだ。

経営をしていると、経営者の思いどおりに事が進むことはそう多くはない。うまく事が運んだと思った矢先から問題が発生したりする。いくら努力しても事が好転しないと、人を恨んだり罵ったりすることがある。何をやってもうまくいかないなどとふてくされてしまうことだってある。そして、自分には運がないのだなどと自棄になる。

人の吉凶禍福は糾える縄のごとしともいう。それも天命と捉え、自分の心を安ませる。自分がとるべき道が見つかれば、それを使命と自覚する。経営者がそう思えるようになるなら、もう心配はいらない。

物事に大事と小事あり、事を成すには優先順位が肝要

経営の要諦は本質を見極め、何を先に何を後にするかに尽きる

かなこから仕事のアドバイスを求められた。彼女が結婚後宅建士の資格を取得してもう六年になる。当初は義兄が経営する土地開発会社で管理物件の手伝いをしていた。その後資格を取って町屋の不動産屋で一年実務経験を積ませてもらい、独立して五年になる。

当初は本人や家族の友人知人から不動産物件の案件を紹介してもらっていた。それから少しずつ知り合いからの紹介案件がつながり現在に至っている。最近では一億円を超えるマンションの売買仲介やビル一棟ごとの売買仲介までこなしているようだ。

気持ちよく仕事ができない相手とは手を組まない

かなこからの質問の多くが人との関係についてであった。ビジネスパートナーになった保険プランナーとうまくいかなくて悩んでいるとか、顧客のエスカレートする要望に悩まされているとかだ。

私のアドバイスは簡単なもので、どちらの場合も「やめときなさい」だ。

その保険プランナーは本を出されている有名な方で、顧客を確実に紹介してくれていた。かなこの仕事の領分にまで口出ししてくるようで、かなことしては、自分のペースでできなくなることで、大きなストレスを感じていたようだ。だが、案件を自分の力で得られる自信がなかったかなこにとって、確実にいくつかの仕事をいただける有り難い存在であった。それでも私の答えは「ビジネスパートナーの関係を解消しなさい」ということだ。

その理由はシンプルだ。かなこが気持ちよく仕事ができないなら、いくら顧客を紹介してくれる方であろうと「やめておきなさい」というものだ。保険プランナーの方にとっては副収入を得られる話だが、かなこにとって不動産売買の仲介は本業だ。かなこの本業がビジネスパートナーによって影響されるのであれば、まさに本末転倒となる。かなこはかなこのスタイルで、自分のビジネスモデルを確立することが一番大事なことだ。

もう一つの顧客の話も基本は同じこと。仕事がまだ少ないからといって顧客の無理で無茶な要望に長々と付き合う必要はない。時間だけが無駄に費やされ、結果また別の物件を見たいと言い出すのが落ちだからだ。顧客も選ぶべきだというのが私の意見だ。かなこがこれまでお世話をした顧客の多くが知人を紹介してくれて、別の物件をまた世話してもらいたいと言ってくれている。かなこのビジネススタイルが好かれている証だ。かなこがお世話したいと思う顧客を大切にすることが大事なのだ。

昨日のかなこからの相談は、ある外国人がかなこのセミナーを聞いて、外国人の集客を手伝いたいと言っているけどどうしよう、というものだ。

こういうとき私は、かなこに順番に一つひとつ質問をしていく。いつ、どこで出会った、どこの国の人、何をしている人、かなこに何を、どのように、何を目的に、などと次から次へ質問攻めにしていく。すると話しているかなこ自身がいろいろと考え始める。

かなこは外国人の方のための不動産セミナーを月二回行っている。かなこ自身が集客する必要性がないことが自明となる。そして私と話す間に外国人向けセミナーの意義と目的が確認され、現在他社と進めているプロジェクトが目下の最重要事であることが再認識されることになった。

仕事の大事と小事を区別する

私はかなこに不動産エージェントとして仕事をするにあたり、いくつかのテーマを提案している。その一つは、かなこ一人で三億円の収益が上がるビジネスモデルを確立することである。そのためには何が必要か、必要でないか。何が重要で何が重要でないか。そして、何が優先され何が後回しになるか。などと考え行動することで、だんだんとビジネスモデルが型創られていく。

最近では少しずつではあるが収益が上がり、目標とするビジネスモデルが姿を現し始めているような気がしている。親ばかではあるが、かなこが近い将来必ず目標を達成することになると確信している。

かなこのように独りでビジネスをしていると、目の前に仕事が山積みされたように思われ、どこから手を付けていいかわからなくなるものだ。そういうときに大事なことは、仕事の優先順位をしっかり付けること。そのためには大事と小事の区別をはっきりと分けられること。それができるようになるには自分の仕事の本質が理解できていなければならない。かなこの場合の本質は何かというと、「安全・安息・団欒の住処の提供」というビジネスモデルを構築することになると思う。ここがはっきりと明確であるなら、自ずと進む道が見えてくる。

日々いろんな出来事が起きる。どれから手を付けるのか、どう解決していくのかなどの問題には、ビジネスの根本が理解できていれば容易に対処できるはずだ。

ライザップの話の中で、カルビー元会長松本晃氏がプロ経営者として広く評価される一つの要因は、一瞬にしてその会社の本質をつかむことができるということだと思う。ライザップの場合、本質は根幹であるボディメイク事業であり「結果にコミットする」というスローガンにあったと思われる。ライザップがその根本というべきボディメイク事業から逸脱し、手当たり次第に企業買収に走ったことにすべての問題の真因があった。そのことを松本氏は瞬時に見切ったのだ。だから松本氏は「ライザップは成長と膨張をはき違えていた」と喝破したのだ。

経営の当事者である経営者は、かなこと同じように日々の業務に追われ、目先のことを解決することに慣れてしまっている。何か問題が起これば随時対処するが、その対処法は局所的対処で済ませてしまう。問題の本質を深く考える余裕がなく、すべての問題を対処療法的に解決してしまおうとする。それが続くと、問題が根本的に解決されずに残ったたままとなり、いつしか会社の根幹を揺るがすような事態がやってくることになる。私がお会いする経営者の中に、自社の本質を理解せず経営している方が多くいる。そしてその多くが人の話を素直に聞けないという経営者病に侵されている。

『論語』の中に次のような一節がある。

「君子は本を務む。本立ちて道生ず」(学而第一)。私なりの解釈をすると、「君子は物事の根本を突き詰め見極めることに努める。根本が見極められれば自ずと進む道が見えてくる」ということである。

経営者は、自分の会社が何を目的として在るのかという根本を突き詰めて考えねばならない。そして、その根本が明確となれば、あとは自ずとやるべきことが明らかとなる。同時に進む道が見えてくる。そうなれば経営者の役割は目的地に向かって社員を引き連れ進むことだ。問題が起きれば、根本から見極めれば自ずと解決の道が現れる。その道に向かって突き進めばよい。あとは野となれ山となれである。

Episode 16

経営には徳治と法治がある

仁徳による経営とルールを優先した経営がある

孟子のことから話そう。孔子は紀元前五〇〇年ごろ活躍したとされ、孟子は紀元前三〇〇年あたりに活躍したとされている。孟子は、孔子の孫の子思の門人であり、孔子直系の人であった。孔子が生きた時代を「春秋時代」、孟子が生きた時代を「戦国時代」という。孔子が生きた春秋末期は、周王朝が名ばかりの朝廷となり、各地の有力者が群雄割拠していた。

孟子が生きた戦国末期はおよそ七つの大国に分かれ、互いに覇を競い合っていた。孔子と孟子は共に全国行脚するのだが、孔子は機会があれば重職に就き、国政を担うつもりがあった。一方孟子は、自ら積極的に官職を求めようとしないが、どうしてもと請われれば就かぬこともないといった傲慢不遜なきらいがあった。

私は、彼ら二人を現在でいうなら経営コンサルタントだと思っている。孔子先生は経営全般の指南をし、孟子先生は経営者の指南をするという違いかと思う。どちらの先生も実践的とは言えず、経営者にはあまり受けがよくなく、売れっ子コンサルタントとは言い難い。経営者が経営コンサルタントに聞きたいのは、どうすれば現在の問題を解決でき、さらに利益を上げることができるかである。にもかかわらず、孔子先生は経営者にひたすら仁徳を説き、孟子先生は仁義を説く。経営者が二人の先生を煙たく思い、敬遠するのは無理のないことと思えてしまう。残念ながら彼らが生きていた時代に、おそらくこれと同じように各国の王たちが反応したのだろう。

仁徳か、目の前の損得か

『孟子』の一番初めにこういう話がある。梁(りょう)の恵王という殿様との話だ。

「孟子先生におかれては遠路はるばる我が国へお越しいただいたのだから、さぞかし我が国の利益となることをお話しくださるのだろう」と恵王が言う。

孟子は恵王のその「利益」という言葉が気に入らず、こう言う。

「王様、そう利益、利益という必要はございません。王様のためにとっておきをご用意しております。それは『仁義』であります。いかに貴国において私が言う『仁義』を実行するかが課題であります」

さらに孟子は言う。

「もし王様が利益、利益ばかりと言うなら、ご家来はじめ一般庶民に至るまでみんなが自分の利益になることばかりを考え行動します。そうなれば国中で互いの物を奪い合い、争いが絶えぬことになります。挙句にご家来たちは自分の俸禄に満足せず、上役からさらには王様から奪おうとします」

ではどうすればいいのかと孟子は言う。

「王様がいたずらに利益、利益とばかり言うのでなく、これからはただ仁義を第一にお考えの上、政を行ってください。なぜなら、昔から仁をわきまえた者で親を蔑ろにする者はいないからです。また義をわきまえた者で上司を小ばかにし蔑ろにする者はいないからです。王様、どうかこれからは利益と言わず仁義の徳をお広めください」

恵王がこの後孟子を重く用いることがなかったことからわかるように、孟子の言を用い取り入れたとは到底思われない。孟子も孟子で自分の言うとおりのことが簡単に受け入れられるとは思ってはいない。自分の説を説くだけ説いて、聞かぬは先方がバカなだけとでもいうように飄々とした感がある。

今も昔も変わらず、私のように経営者に仁徳がなければならないという経営コンサルタントより、業績を必ずアップさせる経営戦略を示してくれる経営コンサルタントのほうが断然実用的で需要があるのは当然のことだ。それでも孟子と同じように私も片意地を張って経営者に仁徳を説き続けようと思う。それこそたまにではあるが、私の話に耳を傾けてくれる奇特な経営者がいるからだ。

不祥事は仁徳の欠如からくる

毎年のようにどこかの企業が不祥事を起こす。内容は多種多様である。しかし、いずれの不祥事も責任はすべて経営者にある。会社ぐるみの不祥事なら当然のこと、それ以外の社員、役員による不祥事でも経営者の管理責任は当然問われることになる。

オリンパスの巨額粉飾事件というのがあった。一九八四年から一九九三年にわたり、当時流行りの「企業財テク」に走り、バブルの崩壊とともに巨額の損失を出すことになった。その額は千百七十六億円という巨額なものであった。

これが企業不祥事となったのは、その損失を「飛ばし」という手法で隠していたことが原因である。損失が明らかになったとき損失計上していればなんら問題とはならなかった。すべての責任はそのときの経営者が損失を計上せず隠すことにしたことにある。その後、会社ぐるみで損失隠しが続けられる。

問題が発覚したのは二〇一一年だ。一九八四年からの歴代三社長が損失隠しに積極的に関わっていたことが発覚した。損失を出したときの社長の言い草は「一千億円を超す巨額損失が表沙汰になると、いかなオリンパスといえども信用不安が起こる。よって断腸の思いで不正処理をすることにした」というものだ。それ以降の社長たちは「会社のため、全社員のため隠さねばならない」というものだったろう。関わった財務担当幹部も一様に会社のためと言い含められてきたのだろう。彼らは損失分離スキームを作成し、その損失隠しは海外で実行されていたという。

こうして内幕を知るとおぞましく薄ら寒くさえなってくる。オリンパスという上場企業が裏でこういう不正会計をし続けていたという事実に唖然とする。歴代社長はじめ直接不正経理にかかわっていた財務担当者たちは、いつ問題が発覚するかと日々戦々恐々としていたのではないか。事件発覚後、それぞれが実刑判決（執行猶予付き）を受けたことは言うまでもない。

こうした企業不祥事が起こるたびに企業統治が問題となる。コンプライアンスを優先することは当然のことながら、それだけでは不十分である。それはいわゆる「法治」の限界の問題とも言える。企業経営を法やルールで運営する「法治」がもはやそれだけで頻発する企業不祥事を止めきれないのではないか。これからの企業に必要なのは、「法治」とともに「徳治」を併せ持つことだと思う。

私が言う「徳治」とは、経営者が仁徳を実践することであり、企業統治の理念、根幹に仁義を据えることである。経営者が人格者であり、経営にあたり人への思いやりを重視し不正をさせない、起こさせないということだ。

大企業の不祥事が後を絶たない。そのたびに私はバカだなと思ってしまう。せっかくいい大学を出て、いい会社に入って、出世競争に勝ち残って役員になり社長にまでなったのに、最後がこれではまことに情けない話だと同情すら覚えてしまう。組織が組織の論理で動き出すことは当然のことだが、向かう方向が間違っているなら、それを矯正するのが経営者の責任だ。

『「良心」から企業統治を考える』（田中一弘著、東洋経済）という本がある。この本では、欧米流の企業統治でなく日本流の企業統治がある、それが「良心」からの統治だと言っている。著者が言う「良心」とは、「誠心」であり「正心」だろう。社員がルールを「良心」に従い守るのが日本流だと私は思う。

人材採用、登用が企業の命運を左右する

意外にも経営者は人事が苦手である

経営者にとって難しいことの一つが人事である。私自身経営者として上手くやれたかというと自信がない。私以上に私の父親がした人事がまるででたらめだった。

父は徳島県出身、戦前に大阪にある材木問屋で奉公したのち十八歳で独立して鉄筋を商っていた。資本など何もなく、見様見真似で覚えたいわゆるブローカー商売をしていたようだ。鉄鋼問屋と建設業者の間を取り持つ商いだ。それでも一端の商いをしていたと自慢げに話していた。

父は戦前大阪で、淡路島出身の女性と知り合い結婚する。その女性は君たちのお祖母さんではなく、みやこ叔母さんのお母さんだ。君たちのお祖母さん、つまり私の母親は父の後妻なのだ。父は太平洋戦争が始まると、疎開先として妻の地元淡路島に身を寄せた。戦後は淡路島で妻の家の婿養子となり暮らすことになった。

その後、地元の建材屋の手伝いを経て自分でセメントの特約販売店を始めることになる。父には持って生まれた商いの才があったように思う。地元の建設会社の親方たちに信頼を得ながら、少しずつ商いを広めていった。地元の人間でないということで、当初は信用がなく苦労したらしい。地元淡路島の人たちにとって父はよそ者だ。少しずつ商いが大きくなるにつれ、人手が必要となる。父は徳島に住む自分の兄弟姉妹の子どもたちを連れてきた。

身内なら信用できるのか⁉

当時、朝鮮戦争を経た後の「神武景気」といわれる好景気があり、戦後高度経済成長が始まったころであった。淡路島も多聞に漏れず、公共工事が次々と発注され、建設業界が活況を呈し始めた。そのころセメントは高級品であった。当時の建設作業員の日当が五百円ぐらいで、セメント一袋が同じく五百円という時代だ。建設現場ではセメントが貴重品として扱われていた。その貴重なセメントを運ぶトラックの運転手として、父は自分の甥たちを連れてきた。他人は信用できないけれど、身内なら信用できる。父はよくそう言っていた。

その後、私が大学を卒業し、父の会社に入ることになる。そのころには社員が二十名。そのうち身内の社員が三名いた。甥が二人。娘婿が一人だ。私からすると、従兄弟が二人、姉婿が一人である。彼ら三人はそれぞれ部署長になっていた。一人が営業部長、一人が業務部長、そして姉婿が工場長として勤めていた。

入社してしばらくすると、私には三人の身内社員の言動が気になり始めた。それぞれの身内社員が各部署長としてどうなのかということがやたら気にかかったのだ。人には一長一短があるといわれるが、彼ら三人の短所ばかりが目に付くようになる。

営業部長をしている従兄弟はすべてにおいて二面性があった。外面がよく内面が悪い。上には媚びるが下には横柄。営業部長でありながら苦手な顧客には見向きもしない。顧客より仕入先との付き合いを優先する。

業務部長の従兄弟はとにかく粗野で乱暴であった。配送の責任者でトラックの運転手たちの管理者だ。当時の運転手の中には気の荒い者が多かったので、気性が激しい従兄弟が適任であった。ただ、私が入社したころは運転手たちも大人しく真面目な人が多くなっていた。にもかかわらず、従兄弟だけが相変わらず気が短く時折暴力をふるっていた。

工場長は私の姉婿だ。人柄はいいのだが部下からの信頼がない。言動に重みがなく軽く見られてしまう。私にすれば一番頼りたい相手であるが、物足りない感じがした。まさに三者三様だった。

中小企業ではよくある話だが、苦労を共にしてきた創業時からの身内親族社員が次世代では古参社員と同じように抵抗勢力になってしまう。創業者にとっては身内だが、後継者にすれば抵抗勢力となることがある。

私の場合、入社したてのころは彼らがまさに私にとって抵抗勢力と思われた。それぞれの部署で彼らの部下に優秀な人材がおり、いつの日か彼らに代わって登用したいと思っていた。

その後、三十歳で社長になった私は、売上拡大、会社の規模拡大に邁進する。全国各地に営業所、支店を開設するなど業容が拡大するにつれ、社員が増えていく。自然と組織が大きくなっていく。その過程で私がしたことは、彼ら身内親族社員を常務取締役に棚上げすることだった。そうすることで各部署長に優秀な人材を格上げし就任させることができた。その結果、多いときには五人の常務取締役がいた。他社からの途中入社も含め、その中から専務取締役を選ぶことにした。

多くの企業で身内親族社員の処遇に悩んでいる話を聞くことがある。もともと身内親族だからというだけで役職に就けていたものが、世代が代わるとお荷物になってしまうことになる。そうした場合、どうすればいいのかと聞かれる。一つの方法は、創業者が引退するとき同時に引退してもらうか、責任のないポジションに就いてもらうかだと私は答えている。

私の場合、彼らの年がまだ若かったので、昇進させ常務職に棚上げし、実務を優秀な人材に代えた。常務となった従兄弟たちは二人とも数年後体調を壊し退職することになった。ちなみに専務取締役には後年他社から常務取締役として入社してもらった人が就くことになった。彼は大手専門商社で支店長を務めた人物で、私がこの人はと思い入社してもらっていた。後年、私が会社を倒産させた際、最後まで私と社員の面倒を見、後始末に奔走してくれた。

優秀な人物を登用しないのは経営者の怠慢

古典『大学』に次のような一節がある。

「非常に優秀な人物なのに、それを認めながらも重要な地位、役職を与えることがなく、またよしんば雇い入れたとしても重く処遇することがなければ、それは使う側の怠慢である。人物的に良くないと認めながらも辞めさすことができず、辞めさせたとしてもその関

係を断ち遠ざけることができずにいるのは、使う側の過失である」（私訳）

これは『大学』の中でも私が最も感銘を受け強く納得する一節を、私なりに解釈したものだ。

世によくある話だ。途中入社でとても優秀な人物がいる。彼をすぐにでも重要なポジションに就けたいと思っているが、役員や古参社員の反発があり実現できずにいる。せっかく入社してもらったのに、優秀な人材を活かせないのは経営者の責任であり怠慢である。

ある営業部長は内外の評判がすこぶる悪い。彼が就任してから営業成績がガタ落ちである。一刻も早く彼を辞めさせなければ業績が悪化し、社員のモチベーションが大きく下がる。そう思いながら、なかなか彼を辞めさせることができずにいる。本来なら部長職の解任だけでなく退職勧奨まですべきなのに決断できない。これは怠慢を通り越して経営者の過失である。

そこまで言い切るほど、経営者にとって人材の採用、登用そして解任という人事が重要だということだ。人事一つで企業の盛衰が左右されるといっても過言ではない。それでいて社長の苦手が人事だという笑えない話が多い。

Episode 18

事業の見極め、見直しは経営者の仕事

事業は経年劣化が避けられない。見直せるのは経営者だけだ

嘘のような本当の話をしておこう。私がこれまで出会った経営者の幾人かが同じようなことを言っていた。

売上がここしばらく伸び悩んでおり、微増微減を数年繰り返しているという。その経営者は朝から退社するまでほとんど社長室にいる。私がアポイントを取らず、いつ伺ってもお会いできる。その経営者と話していると、出るのはため息と愚痴ばかり。業績が上がらない理由をいくつも挙げ始める。世界情勢から始まり、我が国の経済情勢、業界全体の業況などの中に自社の業績が上がらない理由を挙げていく。

そしてようやく自分の会社の話に至ることになる。話し始めると経営者の口から出てくるのは、役員が頼りない、営業マンの出来が悪いなどの批判ばかりだ。そしてひととおり話が終わると、またため息をつく。その時点で私が話すことになる。

「社長、経営者はあなただ。会社を大きくするも潰すもあなた次第だ。そう毎日愚痴ばかり言わず、社長自ら動かれてはいかがか」と。

すると、その経営者が「先生、私の会社は役員たちに任せてもう長い。いまさら私の出る幕ではない」と言う。

その会社には子息が後継者として入社している。私が「では社長、もうそろそろ後継者に経営を任せてみてはいかがか」と言うと、「先生、あいつはまだ若い。まだまだ子どもだよ。とてもじゃないがまだ任せられない」と言う。その子息は大学を卒業後、父親の取引先大手メーカーで五年ほど勤めた後、後継者として入社している。父親の会社に入社して十数年が経ち、もうすぐ四十歳になろうとしている。

「息子さんはだいぶしっかりしてきたと思う。もうそろそろいいでしょう」と私が言うと、「先生はあいつのことがよくわかっていない。息子のことは私が一番よく知っている。まだまだ頼りない」と、いつも同じ話で終わってしまう。

その経営者は創業社長である。よくある苦労話には事欠かない。起業後しばらくビジネスが軌道に乗らず苦労したようだ。ところが、ある人との出会いで運が開け、今のビジネスモデルが出来上った。その後、業績は天井知らずの右肩上がりを続けた。だが、創業三十年のころから業績が停滞し始めた。その後微増微減という状況で業績が推移している。

ここ数年はやや右肩下がりを描き始め、経営者は危機感を募らせている。

会社にも事業にも寿命はある——常に見直し、手を打つ

このような状況にある企業が結構ある。多くの経営者が停滞期からもう一度右肩上がりを描きたいと懸命になっている。それでも多くの企業が停滞期から右肩下がりに転ずるのが現実だ。

私が事業経営をしていたころは、会社の寿命が五十年から三十年と短くなったと言われていた。今ではその三十年も怪しいものだ。ややもすると二十年になったような気がしないでもない。同じように一つの事業、商品、サービスの寿命はさらに短くなっている。会社を少しでも長く経営しようとするなら、事業、商品、サービスを絶えず見直し続けなければならない。

各企業が同じような状況にある中、経営者が経営者としての責任を放棄するかの如くの言動はいかがなものか。経営者が率先垂範して事業を見直し、見極めをするべきところを、役員、社員に任せているのでは到底業績の回復など望むべくもない。経営者が役員、社員に経営を任せて業績が上向いたなど聞いたためしがない。にもかかわらず同じようなこと

を言う経営者が結構いるのには驚いてしまう。

業務改善、業務改革は役員、社員に任せてやってもらえるであろうが、事業そのものの見極め、見直しは経営者がやるべき仕事であり、経営者しかできない。

経営の根幹である事業を継続するかどうかを見極め、事業を改革し、さらには全く新たな事業を構築するなどという見直しは、経営者にしかできない。

経営者が率先垂範したとしても、事業が改革され刷新されるとは限らず、ましてそれが業績を上向けることになるのかは不確かである。しかし、経営者は業績が右肩下がりになっているにもかかわらず、役員、社員任せで放っておくなら、まことに無責任と言わざるを得ない。

天運は無尽蔵ではない

多くの企業で、業績が停滞期という踊り場から右肩下がりを描き始めると先に述べた。なぜこれほど企業が業績を再度浮上させることが難しいのだろう。

多くの経営者に会って思うことがある。特に創業経営者の場合の話をしよう。起業するにあたりオリジナルなビジネスばかりがあるわけでなく、多くがすでにあるビジネスで起業する。その後、いろんな人たちに助けられながら売上が立つことになる。

事業は人と運だと言われる。ある程度まで成功する人たちの多くが、「人と運に恵まれた」と言う。「そのお陰で今のビジネスがあるのだ」と言う。そのビジネスは自分が年を取るのと同じように経年劣化し、売上の伸びが止まるときがくる。

経営者の中には、その人と運がいつまでも尽きないと思っている人がいるものだ。しかし多くの場合、経営者は年を取るとともにその人と運に変化が起こる。一人の人生における人と運は無尽蔵でなく、ある程度の限りがある。経年劣化を起こしたビジネスモデルを再構築する、あるいは新たなビジネスモデルを構築するには、とても大きな人と運を含むエネルギーが必要となる。創業経営者が起業時と同じようなエネルギーをもって、さらにそれ以上のエネルギーをもって事業の見直しをすることが困難なのは、そのようなことがあるからではないだろうか。

では、創業経営者が停滞している事業を見直しても新たな事業構築ができないのか。究極のところ、やはり経営者にしか事業の再構築はできない。数少ないだろうが、創業経営者にまだ人と運といったエネルギーが残っている人もいるからだ。自分には不可能だという経営者はぜひ次の経営者、後継者にバトンを渡してほしい。

儲かるビジネスを継続することは難しい。また、違う儲かるビジネスを創ることはさらに難しい。企業の継続には儲かるビジネスが存在し続ける必要がある。ところが、そう簡単な話ではない。イメージでいうなら、ロケットの打ち上げを想像してみるとよい。打ち上がったロケットは次々とエンジンを切り落としながら上昇していく。企業が継続するために事業を再構築、あるいは新たな事業を構築していくことはこれとよく似ている。創業経営者が創り上げた事業を後継者が新たなエンジンでさらに上昇させていくというイメージだ。

直近のニュースで大塚家具が四期連続赤字、代表取締役会長にヤマダ電機の三嶋恒夫氏が就任、大塚久美子社長は留任とあった。いよいよ来るべき時が来たという感がある。

大塚久美子氏は二〇〇九年に父親に代わり社長となり、懸命に業績を回復させるために頑張ってこられた。大塚家具の場合、久美子氏が社長になって業績が悪化したわけではない。もともと父親が創ったビジネスモデルが経年劣化を起こし、業績が停滞期に入り下降期に移る過程であった。父親が社長を続けていても苦戦を強いられたことは間違いない。後継経営者となった久美子氏が自身の人と運というエネルギーをかけてビジネスモデルの再構築に挑んだということだ。そうやる以外に道がなかったということだろう。

第4章

お金の話をしておこう

Episode 19

会社は利益を上げるためにある

経営に慣れると利益を上げるという当たり前のことを忘れる

経営者に何のために経営をしているのか聞いてみると、多くの経営者が一瞬答えに詰まる。そして「社会貢献」「社員の幸せ」「夢の実現」など、結構いろんな答えが返ってくる。中には「お金を儲けるため」とはっきり言う経営者がいる。しっかり利益を上げ、財務内容がよい会社を経営しているのは、はっきりとお金儲けのためという経営者だ。いろいろな目的を挙げる経営者は、満足な利益を上げられていないのが現実だ。

儲けていない会社の経営者が儲かっている会社を非難、批判することがよくある。あの会社は利益至上主義で取引先を泣かせている、経営者が強欲で社員が泣いているとか、挙句にはあの経営者は非情で傲慢だと批判する。

しかしながら、じつのところ取引先はその会社の財務内容が良好で取引条件に満足しているし、経営者の年収が多いのは事実だが、平均年収が地域の平均よりだいぶ高いので社員に不平不満はなく、その経営者は人格者として業界で有名であり、カリスマ経営者として知られていたりする。

会社は利益が上がってこそいろいろなことが実現できる。社員の働きに報いてやりたいと思っても利益が出ていないとできるものではない。機械設備を最新のものに切り替えたいとしても先立つ利益が上がっていなければ投資できない。社屋を建て替えたい、敷地を拡げたい、店舗を増やしたいと思っても、利益が上がっていなければ原資がなく、いずれも実現できない。この当たり前のことを経営者は忘れてしまっている。ややもすると、会社には利益を上げる以上に重要なことがあるのだと考えている経営者までいる。

経営しているのか、ただ続けているのか

経営を長く続けていると、「続いている状況」に慣れてしまうことがある。業績がよい会社の経営者は業績がよい状況に慣れてしまい、業績が悪い経営者は業績が悪い状況に慣れてしまう。

不思議なもので、利益が上がっていない会社の経営者は利益が上がらない状況に慣れてしまっているのだ。そういう経営者に業績改善策を提言したとすると、端から批判し否定

されることが多い。「先生そんなこと言われても、うちの会社はそんなことできません」と、次から次へとできない理由をたくさん並べてくれる。最後にはこれ以上何を言っても無駄だと、進言する気持ちを失くしてしまうことになる。

会社を起業したものの、なかなか利益が上がらずに潰れてしまうことが現実には非常に多い。潰れることはないにしても、満足した利益が上がらないまま経営が続けられている会社も多くある。そのような会社の経営者の言動はほとんど同じようになってくる。毎月毎月会社の運転資金が足らず、月末になると資金繰りに奔走する時間が多くなり、本来の仕事は人任せとなる。「何のために会社やっているのかわからない」と思わず口から出る日々である。

かく言う私がそうであった。会社を倒産させる約一年前からは特にそうだった。毎月毎月足らぬ金を金融機関や取引先からなんとか工面しようと走り回っていたものだ。私の会社は建設資材販売会社であったので、商習慣として手形での取引が多かった。売上は百億円を超していたので、月々の売上が十億円を超すこともしばしばであった。販売会社なので十億円の売上にはそれに近い仕入が当然発生している。その支払いの多くが百二十日の自振手形になる。

その百二十日の自振手形の支払期日が約五か月後に回ってくることになる。売上の多くは建設会社の自振手形で百二十日から百五十日というのが多くあった。したがって、私の会社の毎月の支払いの多くが五か月前に自分が振り出した手形を落とすための資金ということになる。売上により回収した建設会社の手形を割引して現金を拵え、足らずを融資で賄うというのが私の会社の資金繰りだった。

手形ビジネスはやがて限界がくる

手形でのビジネスをしていると、売上が右肩上がりのときは手持ちの手形が多くなり余裕を持つことができる。ところが、売上が右肩下がりになると途端に資金繰りが窮屈になる。売上が減っているのにもかかわらず自社振りの手形が次々廻ってくる。こうなると、経営者は資金繰りに奔走することになる。私の場合、月々の売上金額が大きかったので、足らぬ金額も大きなものとなった。最後の一年間は、ひと月が終わると「また今月も…」と、どこまで続くのかと暗澹としたものだ。月々の足らずが約三億円だったので、毎月月初めに、今月はどこで借りようかと独り思案に明け暮れていた。

そんな毎日を過ごしていると、当然のように体を壊すことになる。私の場合は資金繰りに奔走し始めて四、五か月経ったころ、体調に異変があった。鏡を見るたび顔がやつれたようで体重が急激に減少していた。堪らず病院で検査をすることになった。血液検査をすると、その夜に医者から慢性骨髄性白血病だと診断された。その日は病院で泊まることになったのだが、眠ることができず朝まで悶々と過ごした。翌朝、病院へ迎えに来てくれた妻と長女みなこの顔を見てやっと落ち着くことができた。

経営者のストレスは人と金の問題だ。中でもお金の問題が一番大きなストレスとなる。経営者が体調を崩す原因はやはりお金の工面なのはいつの時代も変わりがない。もともと経営者はお金を儲けるために会社を始めたわけだ。ところが、いつのまにかお金儲けより会社を維持することが目的となり、金策に追われることになる。本末転倒もいいところだ。

事業承継は、つまるところ利益を上げられる事業かどうかである

今日、ある経営者から電話が入った。数年前から子息への事業承継の相談に乗っている。子息への経営交代の手順はだいぶ以前に話してあるが、後は経営者の父親が決断するだけとなっている。その決断がなかなかできず遅れ遅れとなっている。父親の出処進退があって初めて事業承継が始まるのだが、困ったものだ。例によって子息への愚痴をさんざん喋っ

たあと、業況が思わしくないと言い出した。

この会社は以前、いい取引先が数社あったお陰でよく利益が上がっていた。ただここ数年、取引先の業績が思わしくないこと、新たな取引先がないことで売上の減少が続いている。そのことへの指摘は以前からしているが、いっこうに動こうとしていない。利益を上げていかないと事業承継も何もあったものじゃないと言っても聞かない。まことにコンサルタント泣かせの父親である。

会社経営の根幹は「利益がすべての源泉である」ということだ。その当たり前のことがどうしてか経営者に理解してもらえない。それ以上に問題となることが経営者にはいろいろとあるらしい。経営者が儲けることを考えることなく、誰が会社の儲けを考えるのだろう。経営者が知らず知らずの間に運営管理者となり、会社という組織を維持することが目的であるかのように振る舞っている。

会社で起きる問題の多くは、会社が利益を十分に上げることで解決できる。経営者が利益を意識しなくなっているとすれば要注意である。

Episode 20

会社経営は手元資金が何よりも大切である

コロナ禍で企業の手元資金の多寡が生死を分けている

今年になって新型コロナウイルスの影響が全国に広がる中、私の顧客には「とりあえず会社の手元資金を厚くしておくように」と伝えた。現金に換えられるものは現金に、金融機関から緊急融資として借りられるだけ借りておくなどの用意をお願いした。

会社の手元資金とは、今すぐ自由に使えるお金のことである。手元資金が不足すると、支払いができず会社が立ち行かなくなる。会社が黒字であるとか業績がよいとかは関係なく、今すぐの資金需要に応えられないということになる。

私の今の会社は妻と二人の小さな会社だ。私の会社の今現在の手元資金はいくらかというと簡単な話である。会社の預金通帳の残高を見ればすぐにわかる。要するに、預金残高が私の会社の手元資金の全部だからだ。基本、いくら大きな会社といえども手元資金の考え方に変わりがない。企業が今現在、自由に使えるお金であることは同じである。コロナウイルス禍のような異常事態が起こり、企業に与える影響が計り知れないときなど、企業の手元資金の多寡が企業の命運を決めることになる。

コロナウイルス禍で企業の倒産がだんだんと増えてきている。二〇二〇年三月、四月の段階で、コロナウイルス禍の影響で倒産したとされる企業の多くは、それまですでに業績が悪く財務内容がよくなかった企業である。その後もコロナウイルス禍の影響で業績が悪くなる企業が続々と増えているが、手元資金の不足している企業から順に潰れている。

優良な大手企業などは金融機関から多額の緊急融資がなされて手元資金を厚くしている。トヨタにいたっては八兆円の手元資金を用意しているという。大手企業といえども業績が悪い企業は金融機関との交渉がうまくいかず倒産に向かうところも出てくるのだ。日本ではまだ起きてないが、アメリカではレンタカー大手のハーツ、百貨店のバーニーズ・ニューヨークなどが経営破綻している。フランスでも高級食料品店・フォションの破綻が伝えられている。いずれも手元資金の不足が招いた結果である。

手元資金、月商の三倍は必要

ふだんであれば企業の手元資金は月商の三倍が目安としてあればいいとされる。それ以上の手元資金を持っていると、上場企業などでは「資金効率が悪い」と株主から叱られることがある。企業の中には、いくら株主から責められようと頑として多額の手元資金を持つところがある。おそらく経営者の経営観の現れだろうと思うが、いざというときに備え、手元資金を多くしているようだ。

以前、私が建設資材販売会社を経営していたころ、私は経理を詳しく学んだことがなく、経営者は決算書が読める程度でいいと思っていた。汗顔の至りだが、経営者である私の経理の知識が浅かったことがその後の破綻の原因の一つであることは明白だ。当時は会社の業績はそう悪くなく、財務内容もそこそこで、金融機関との関係も悪くはなかった。バブル期最後のころで、世の中にはさまざまな投資案件がごろごろと転がっていた。会社に少しでもお金があればやれ投資だ、株だ、ゴルフ会員権だ、リゾート会員権だ、不動産だ、といった時代であった。

その当時の金融機関からして異常であった。金融機関自らが取引先企業にいろんな投資案件をすすめていた。

私の会社の取引先の建設会社に、その会社のメインバンクがアメリカのビル購入を持ち掛けてきた。さすがにそれはやり過ぎだろうと当時思った。だが、その建設会社はメインバンクのすすめとあってアメリカのビルに投資することになった。その後、バブル経済は弾け、国中がバブルで踊った後始末をそれぞれがすることになる。バブルを扇動した金融機関も例外でなく、破綻する銀行が続出し、金融再編へと舵が切られることになった。

その建設会社は、メインバンクが破綻し、新たにメインバンクとなった金融機関から締め付けられることになる。最後には、残念ながら倒産に追い込まれることになった。そんな時代であった。

当時は、誰も企業の手元資金が大切だなどと言う人がいない風潮であった。私自身は、会社の手元資金が多いに越したことはないが、取引先金融機関からいつでも必要なとき、必要なだけ借りることができているので、手元資金にこだわることはない、と考えていた。今思えば、なんとも甘い考え方だろうと情けなく恥ずかしい。

営業マンに勧められるままに株を買い、保険に加入する会社には資金が残らない

いつお会いしても「お金がない、お金がない」という経営者がいる。利益が結構上がっている会社にもかかわらずお金がないという。よくよく聞いてみると、本来手元資金としてあるべきお金がいろんなものに変わっている。証券会社に勧められるまま株式投資をし、顧問税理士からはいい節税対策だからと保険を勧められ加入しているという。しかも、そ

れぞれの株や保険商品をしっかり吟味することなく、安易に投資している。私が見ただけでもそれはどうかと思われる投資案件がある。こういう経営者がじつは多くいるのだ。

また、私がそうであったように、経理に詳しくない経営者は多い。そんな経営者に金融機関や顧問税理士から金融商品、保険商品、投資案件などが紹介されれば安易に引き受けてしまう。昔のバブルのころのようにアメリカのビルへの投資などはさすがに聞かれないが、それに似たような国内投資案件は姿かたちを変えいろいろとあるようだ。中には詐欺まがいの案件まである。それらを取引金融機関や顧問税理士が持ってくるというのだから呆れてしまう。

私のように会社を倒産させた経験がある者にとっては、会社の手元資金ほど大切なものはないと骨身にしみている。これを現役経営者に話してみてもなかなか聞き入れてもらえないことがある。今現在業績が好調で、財務内容がよい会社の経営者ほど理解してもらえないものだ。会社が潰れるかもしれないというほどの危機に直面したことがなければ想像できないのだろう。

かつての私がそうであったように、必要なときに必要なだけ金融機関がいつでも貸してくれるなら、手元資金を多く持っていることが無駄に思えるかもしれない。また、そのお金を狙っていろいろな者が近寄ってくる。彼らはその道のプロ揃いだ。経営者から手元資金を出させるために、ありとあらゆる手練手管を使って篭絡(ろうらく)する。

手元資金さえあれば、当面は倒産しない

会社が倒産するときにはいろいろな理由、原因がある。究極のところその直接の原因は、手元資金の枯渇に尽きる。要するに、会社が取引先や社員に支払うべきお金がないということに尽きるのだ。

会社所有の土地建物といった不動産、各種有価証券、各種保険商品などお金になりそうなものがたくさんあるかもしれない。それらの資産は時間をかければお金に換えることができる。それでも、約束の日時の支払いに間に合わなければ破産を申し立てられてしまう。そうなって初めて経営者は手元資金を少しでも多く持っておけばよかったと後悔する。今の私のように預金通帳一つで経営していると、まさに手元資金がすべてであると思い知ることになる。

Episode 21

返済する自信がなければ借金はしてはいけない

借入金は利益から返済することを忘れるな

不動産エージェントとして夫と二人で会社経営をしているかなこが私に何度か聞いてきたのが、「お父さん、借金するのは悪いことなの？」というものだ。

かなこが事業としているのは不動産の賃貸、売買の仲介と管理業務だ。今のその事業では借金することはないのだが、自社で不動産物件を開発、所有などをやろうとすると借入が必要となってくる。そのときは借金してもいいのかと聞きたかったのかもしれない。

私は常々「できるだけ借金はしないように」と言ってきた。今かなこがやっている仲介と管理業務は大きな資本がなくてもできるビジネスだ。今のビジネスで利益の最大化を図ることが最優先だ。その先で事業を大きく展開しようとするなら借入が必要となるだろう。それでも借金はできるだけしないほうがいい、と私はそう言ってきた。かなこにすれば、「お父さんは自分が会社を潰したことがあるから、借金することに憶病になっている」と思っているのかもしれないがそうではない。

私が建設資材販売会社を継いだ当時、年商はすでに三十億円を超えていた。業態はほとんどが仕入販売という商社で、競争が結構厳しい業界であったので、利益率が驚くほど低かった。入金は手形が多く、支払いも手形がほとんどであった。財務内容はそう悪くもなく良くもないというところであった。売上は緩やかな右肩上がりが続いており、資金需要はそう多くなかった。

業界特有の言葉に「夏枯れ」というのがあるが、建設業は夏場が暇であった。その時期は売上が落ちるので借入が必要であった。そして、メインの金融機関から短期借入をして対応していた。当時は売上が基本的に右肩上がりであったので、短期借入してもすぐに返すことができていた。長期借入は少しだけあった。その後も売上を伸ばせていたので資金繰りに苦慮することはなかった。

「借金は売上で返す」という大きな誤り

金融機関の都合で「借りてほしい」と要望され、何度も多額の借入をし、返すということもしばしばであった。このような状態の中、私の借入に対する意識は今とはずいぶんと違っていた。特に運転資金として短期借入をしては返すということを繰り返していたので、「借入金は売上で返すもの」と思っていた。

会社が売上を伸ばしている間は借入の心配などしたことがなかったが、売上が停滞し右肩下がりになると事情は一変する。短期で借入したものが返せなくなり、短期借入の書き換えを繰り返すことになる。当初は返せなくなった短期を長期に切り替えてもらえたが、だんだん売上の右肩下がりが続くと切り替えにも限度がくる。そして金融機関との取引が窮屈なものとなってくる。そして最後には追加融資を断られる。

当時の私は、経営者でありながら経理の知識がまるでなかった。長年の経験から借入は売上さえ上がれば返せるものと単純に考えていた。そう思っていたからこその無理な売上拡大だった。

「借金は利益で返すもの」という言葉を聞いたのは会社を潰した後だから、文字どおり後の祭りだ。私は借金を売上で返すものと思っていた。経営者に経理の知識がないと、私のような取り返しがつかない事態となる。

「借金は利益で返す」というと、結構多くの経営者が首をひねると思う。何それ？　そう思う経営者の顔がたくさん浮かんでくる。かつての私がそうであるように、借金は売上で返すと思い込んでいる経営者は多い。

借金の返済原資は何か。企業会計からいうと、利益から税金を支払った残りの利益と減価償却費の合計のキャッシュフローで借金の元金を返すことになる。減価償却費は損益計算書の費用として上がっているが、実際には1円も会社から支出されない。よって減価償却費は会社に残っているお金なので、最終利益と併せた金額で借金の元金返済に充てられる。

これを知ると、利益が上がっていない会社は借金できないということになる。貸す側からすると、利益が上がっていない会社に融資はできないとなる。この当たり前の「借金は利益で返す」ということが理解できれば、自社がどこまで借金できるのかはこの原則から算出される。それ以上の借金はできたとしても返済を考えると無謀だということになる。かつての私のように運転資金を短期借入で賄うことに慣れてしまうと、借金は売上で返すと勘違いしてしまう。

経営者がこの原則を知っているか知らないかで会社の経営戦略は自ずと決まる。少なくとも私のように無理な売上拡大や、いたずらな規模の拡大に走ることは少なくなるのではないか。

「借金も実力のうち」は半分ウソ

私は現在、親子経営コンサルタントとして活動しているが、経営者と後継者に経理の知識を疎かにしないでほしいと伝えている。私の経営者としての失敗の原因の一つが経理知識の不足だということを伝えながら、この話をしている。

私が経営者になり始めのころは、「借金も実力のうち」「いくら借金できるかが経営者の器量」「借金はできるとき目いっぱい借りておけ」などとよく言われていた。中には無借金経営をけなす経営者までいたものだ。

バブルの終わりのころであったので、借金をして何でもいいから投資することが当然のように行われていた時代である。日本全国、全国民がバブルの擾乱の中、無謀な借金を積み重ね、バブルを膨らませていた。日本国中リゾートブームを巻き起こし、全国で高級ゴルフ場、高級リゾートホテル、各種テーマパークなどの開発が進んでいた。その後、バブルの終焉を迎え、全国にコンクリートの廃墟が残されることとなった。

今でも経営コンサルタントの中には、「無借金経営は危ない」と極論を言う人がいる。いざというとき金融機関から借入実績がないと融資が困難だからという。私は無借金経営ほど素晴らしい会社はないと本気で思っている。無借金経営が続けられるならそんないいことはない。堅実経営大いに結構だ。そんな会社がいざというときのためにと要らぬ借金をする必要はない。そういう経営コンサルタントの方は、最初から借金を返済する気がないのではと思ってしまう。返済することが前提であれば、不要不急の借金は全く必要がないだろう。

私はかなこに言っている。「借金するのはいいけど、返済する自信があるのか」と。返済する自信があるかどうかということは、会社の利益が返済するに十分な金額なのかと問うているのだ。会社が借金することは悪いことでもなんでもない。「借金は利益で返す」ということを知ったうえで、その借金をしても返済できる利益が上がっているなら、まず大丈夫だということだ。

今のようなコロナウイルス禍という非常事態では事情が違う。会社を潰さぬよう金融機関からの借入を含め、あらゆる手立てを講じ、手元資金の確保が必要となる。同時に、最悪の事態を想定しながら最善の経営改革を進めることが必要だ。ウィズ・コロナ、アフター・コロナでの自社特有のビジネスモデル創りが生き残る企業の条件になる。

Episode 22

無利子と高利のお金を借りてはいけない

事業の見切りどき、会社のやめどきを見逃すな

私が八年前にホームページに挙げた記事に、いまだに結構なアクセスがある。「事業の見切りどき、会社のやめどき」というテーマの記事だ。事業の見切りどきは、「損益計算書で見るなら、営業利益の段階で三年以上赤字ならば、その事業は見切るときだ」と書いている。さらに会社のやめどき（廃業）は、損益計算書で利益が出ている、出ていないは関係なく、「資金繰りをするにあたり、一般金融機関および取引先から、それ以上の支援が得られなくなったときだ」と書いている。

経営者が自分で始めた事業を見切る、経営している会社を廃業する決断をすることがいかに難しいかは言うまでもない。私は、事業を見直し再編するのをやめろ、会社を再生させる努力をやめろと言っているのでなく、〝やめどき〟ということを考えてみてはどうかと言っている。赤字事業を続ける、利益が出ない会社を経営し続けることは、結果として経

営者のみならず、事業にかかわる多くの人を巻き込み、取り返しのつかない悲惨な状況を生み出すことになる。

かつての私の会社のように自振手形を発行している会社は、発行した手形の期日にお金を用意することができず、手形を落とせずに不渡りになる。そうなると会社はほぼ倒産する。振り出した手形が不渡りになると、金融機関との取引が事実上できなくなり、それ以降の経営が困難となる。

自社手形が不渡りになることで倒産に至るという半強制的な会社のやめどきがある。一方で手形を発行していない会社は支払先が支援、協力をしてくれるなら継続されるが、それがなくなると立ち行かなくなる。そのあたりが一つのやめどきになる。

どちらの場合も、経営者が会社をやめる決断をするまで、経営者が毎日資金繰りに奔走することになる。取引先金融機関からはとっくに見切られており、それどころか、借入金を返せと催促される。

取引先企業には支払いの猶予をしてもらい、ある取引先には融資までお願いする。それもいよいよこれ以上の無理は聞いてくれそうにない。そうして途方に暮れる経営者が次に考えるのが、高金利でも金を貸してくれるところがないか探し出すことだ。いわゆる消費者金融だ。さらには経営者自身の周囲にいるいろんな人の顔を思い浮かべる。仲がいい同級生、親しくしてくれている知人、人のいいご近所さん、ふだん行き来がないが親戚の叔父さんなどの顔を思い浮かべてしまう。そして、彼らの大事なお金を借りてしまう。多くの場合、彼らからの借金は善意で無利息だ。そして、やがて会社はあえなく倒産してしまう。

私の場合、先にも述べたように、倒産前の月商が十億円近くあった。月々の資金不足が四億、五億という金額になり、とても友人、知人、親戚にお願いできる金額ではない。だから、取引先金融機関に見放された時点が会社の終わりであった。

何が幸いするかわからないもので、お陰で友人、知人、親戚に迷惑をかけずに倒産するに至った。倒産後、たくさんの友人、知人、そして親戚が物心両面で私たち家族を支えてくれた。今こうして東京下町で穏やかに暮らせているのも彼らのお陰だと感謝に堪えない。

月商が私の場合ほど多くなく、月数百万円足りないという規模の会社は結構ある。数十万から数百万円という金額は微妙な額だ。借りようとする側からすれば、これくらいならお願いできるかもしれないという金額だ。借用を申し入れられた側からすれば、これくらいなら何とか工面できるかもしれないというぎりぎりの金額になる。

傾きかけた事業や会社にいくらお金を入れても立ち直ることは稀である。人様のお金だけでなく自分のお金、親のお金はすでにつぎ込んでしまっている。こうして倒産、破産に至る経営者が多くいる。

経営者の人生は、会社が倒産しても終わらない

経営者の人生は会社の倒産、破産で終わるわけではない。それからの人生がある。本来なら友人、知人、親戚などの人たちが手を差し伸べてくれるはずが、その大事な人たちとの関係を壊してしまっているとどうしようもない。

一般的に倒産経験者の再起は難しいとされる。その原因の一つが、大切な人たちとの関係を自ら壊して倒産したことにある。それでも手を差し伸べてくれる人が残っているかもしれない。人はやはり人の支えがないとどうしても立つことができない。ぜひ、経営者の方にはそのことをよく考えて日ごろの身の処し方を正してほしいと思う。

私が経営者の方に会社のやめどきの話をするのは、その後の人生があるからだ。会社を倒産させてしまうと、この世が終わった、自分の人生が終わったと思ってしまうだろう。しかし、現実は違う。人生はまだまだ続く。その後の人生をどう生きていくかが次の課題だ。

会社経営にすべてを捧げていた、会社経営が人生のすべてだった、と思っているかもしれない。死んでいない限り、それでも人生は続いている。

会社を倒産させるということは人生における大きな挫折だ。だが、いくら大きな挫折でも所詮一つの挫折にすぎない。まだまだ続く人生の一場面でしかない。大きな倒産という挫折からどう立ち上がり、再び歩き始めるかが大事だ。再起し、また会社を起こすことがあるだろう。どこかの会社に勤めることもあるだろう。人それぞれの再起だ。

挫折からの回復力というのも人それぞれだ。再起までにかかる時間も人それぞれだ。

私の場合、結構長い時間がかかった。倒産して三年くらいは立ち直れなかった。つくづく男とは弱いものだと思った。倒産後、妻は離れることなく側で私を支えてくれた。それまでと変わらず、笑顔を絶やさず日々元気に振る舞ってくれた。妻のお陰で今こうして生きていられる。

倒産後、私はそれまでの人間関係を閉じた。私から連絡することはない、そう決めていた。そんな私に、友人、知人、親戚の方が私を探しあて連絡してくれ、訪ねてくれた。久しぶりの再会が素直に嬉しかった。中には自分自身大変な経験をしているにもかかわらず、わざわざ私を訪ねてくれた方もいた。その人たちの優しさと思いやりにしばしば涙した。彼らの物心両面の支えのお陰で、その後、妻と二人の会社を立ち上げ、今なんとか暮らせている。

経営者が事業の見切りどきを見過ごすと、赤字が続き、会社経営は傾く。そして会社のやめどきを見誤ると、経営者のその後の人生がさらに困難を極めることになる。

経営者は会社をやめる覚悟を常にしておく必要がある。経営者として最後の最後まで会社を潰さぬ努力はしなければならない。その努力の中には資金繰りのための無理な金策は入っていない。事業の見直しをせず、経営者が朝から晩まで資金繰りに奔走しているようでは本末転倒である。

経営者が強制でなく、自らの判断で会社を止める決断をすることはとても難しいと思う。しかし、その後の人生の可能性を信じるなら、会社のやめどきを自ら判断することができるのではないだろうか。

Episode 23

事業資金がなくても商いはできる

借入金ありきではなく、商売ありきである

かなこが金融機関とどう付き合えばいいのかと何度か聞いてきた。かなこが聞きたいのは、「どうすれば金融機関と良好な関係ができ、有利な融資が引き出せるのか」ということだろう。その話の前に、私の父親の話をしておこう。

私の父親は、戦前大阪で建設工事に使う鉄筋の販売をしていた。二十歳ころから独立し商売をしていたと聞いている。徳島生まれで尋常小学校卒業後、大阪で材木商を営む長兄のところで働いていた。そこで覚えた商いを見よう見まねで始めたらしい。

なぜ材木でなく鉄筋を商うことにしたのかはよくわからない。おそらく、鉄筋商との縁があって始めることができたのだろうと思う。

若いころの父は年配者からよく可愛がってもらったらしい。木下藤吉郎ではないが、どこか人たらしなところがあったようだ。写真を見る限り男前ではある。若いころから女性

によくもてたと自慢げに言っていた。私は、二十歳そこそこの若造が独立し、戦前の大阪でどうして鉄筋の商いを始めることができたのかと不思議に思っていた。それを父親に聞いたことがある。答えは単純明快だった。

「そりゃ簡単なことや。建設会社へ行って、鉄筋要らんかと注文を取りに行くのや。うまく注文がもらえたら、鉄筋商から商品を現場に納入してもらうね。初めは信用がないから、支払いは建設会社から鉄筋商に直接してもらうね。俺の取り分は鉄筋商から後でもらう。その後だんだんと信用ができてきたら、直接建設会社から集金させてもらうことになる。そうなると先に自分の取り分を引いてから鉄筋商にお金を渡すから、自分の取り分を多く取れるようになる。商いは自分の金がなくてもできるものや」

今でいうブローカーから始めたということらしい。

私は大学卒業後、父親の会社に入社した。そのころは二十億円を超す売上があり、建設資材全般をメーカー、商社から手形で仕入れ、建設会社に売るビジネスが確立されていた。地元金融機関との取引は多岐にわたっており、良好な関係を築いていた。そのようなビジネス環境下で後継者となった私にすれば、金融機関との取引は必須であり、なくてはならないものだった。金融機関には融資や手形割引をお願いしており、それらがなければ会社が成り立たないようになっていた。

商売は借入が当たり前ではない

私は、商売をするのに金融機関から借金をすることは、ごく自然なことと思っていた。ところが、会社を倒産させ、その後自分で何かやろうというとき、当然資金がない。資金がなくても何かしなければ生きていけない。そうなって初めて、父親が言っていた「お金がなくても商いはできる」という言葉を思い出した。

現在私は、妻が代表取締役、私が取締役の二人だけの会社を経営している。私が一人でき、しかも資金が要らないビジネスということで、経営コンサルタントを生業とさせてもらっている。会社を設立してもう八年になるが、金融機関との取引は会社名義の口座があるのみだ。取引先、顧問先からの振り込み、経費の支払いに利用させてもらっている。

破産経験者の私に金融機関からの融資は難しいだろうが、融資がなくても仕事ができている。銀行の預金通帳が一冊だけで会社運営ができている。建設資材販売会社を経営していたころとは大違いだ。

かなこは夫と二人で会社を経営している。夫がプロゴルファーのマネジメント業、かなこが不動産業、どちらのビジネスも今のところ大きな資金を要さずにできることをして稼いでいる。今後無理をして資金を借りてビジネスをやる必要がない。今のビジネスモデルは、二人で三億円の収益が上がるまでやればいいだろう。

私の顧問先が岐阜にある。その会社は私の以前の会社の取引先であり、私の会社が倒産後、その会社も同じように倒産していた。倒産後、それまでと同じビジネスを地元で再度やり始めていた。

四年ほど前、その社長と出会うことがあり、それ以降、私と顧問契約をしている。現在は倒産以前の売上にほぼ戻っており、利益も出ている。私は顧問として月に一度訪問している。その度に試算表を見せてもらいながら経営相談に乗っている。

当初から驚いていることがある。五億円近い年商があるにもかかわらず、借入が一円もない。それでいて建設重機が五、六台、ダンプを五、六台保有している。社員も二十名ほど抱えている。

どうしてやれているのか不思議に思い、訊ねてみた。

「会社を潰したときはへこんでいたが、もう一度再起しようと頑張ってきた。妻を社長にして別会社を立ち上げ、以前と同じ業務を開始した。地元金融機関はどこも相手にしてくれず、当初は会社の口座を作るだけでも苦労した。ましてお金を貸してくれるなど不可能だった。仕方なく以前の取引先に頼み込んで融通をしてもらい、少しずつ仕事ができるようになった。重機、ダンプはリース会社が実績を認めてくれるようになり、借りることができるようになった。取引先が銀行の代わりをしてくれている」

笑いながらそう話してくれた。

五億円もの建設関連事業を金融機関からの融資がなくやれていることに驚くしかない。人とはすごいものだ。必要に迫られれば不可能を可能にしてしまう。金融機関が金を貸してくれなければ、借りられるところを探せばいいということだ。彼の場合は商品の納入先に商品の安定供給を条件に融資を引き出している。重機、ダンプはリース会社に少しずつの実績を認めさせることでファイナンスを実現している。そのうち金融機関が財務諸表を見て驚くだろう。

小さいながら私の会社、かなこの会社、そして私の顧問先がみんな金融機関からの借入なく経営できている。以前の私の感覚がおかしかったのだろうか。以前の私は金融機関からの融資がなければ会社など経営できるわけがないと思っていた。会社は借金があって当たり前とも考えていた。世の中の風潮からして、借金をして会社を大きくしていく、借金をして事業を回していくことが当たり前だと思われている。さらには、一般の人まで気軽に借金をすることに慣れてしまっている。

多くの会社が起業時からいくらかの借金をしている。しばらくして利益が上がり始めて借金を返せるようになると、またさらに事業を大きくしようとして借金をする。こうなると会社はいつも借金があることになる。経営者は、起業時からのことなので借金があることをおかしいと思わない。まさに借金漬けであり、借金慣れである。やがて、多くの会社は売上が頭打ちとなり、右肩下がりとなる。そうなって初めて借金の重さ、怖さがわかるのだ。

最初のかなこの質問に答えよう。

「金融機関からの融資を期待する前に、一円でも多くのお金をどうやれば稼げるのか、一円のお金を借りずとも、どうすればお金を稼げるのかを考えることのほうが大事だ」ということになる。

Episode 24

優先順位、資金繰りが第一、損益計算は第二

倒産の直接の原因は損益計算の黒字化に固執したから

そういえば君たちに、私がなぜ会社を倒産させることになったのか、これまで話したことがなかった。あれから十年が経ち、君たちに語ることで一つの区切りになるかもしれない。世に言う「敗軍の将、兵を語らず」と。

これは戦に負けたリーダーが自分の責任を部下に押しつけてはならない、負け戦の責任はすべて自分にあると言っている。そういう一方で、うがった見方をすれば、じつは部下にも責任がある者がいると暗に言っているようにもとれる。私の会社の倒産に関しては、間違いなくすべての原因と責任は私一人にある。あれから十年、他社の社員をたくさん見てきているが、かつての私の会社の社員のレベルはとても高かったのだと改めて確信している。私の会社が倒産した後、それまでの取引先であったメーカー、商社、さらには競合していた同業社から彼らに再就職のオファーがたくさんあった。特に営業マンたちはとて

も優秀であった。

企業が倒産する原因は一つでなく、いろいろな原因が積み重なって倒産に至る。私の会社も同じである。倒産の原因はこれだと一つだけ挙げられるものではない。それぞれの原因が因果関係となり、次の原因を産むというものだろう。ただ、お金の話に絞ると、一つだけ言えることがある。

私の会社はいわゆる黒字倒産であった。これが倒産を早めた原因ともなった。その話をしよう。

倒産に至るまでの会社の経緯はこうだ。社長になった当初、私は一つの決断をした。それまで会社の商圏は淡路島島内だけであった。戦後高度経済の成長からバブル時代に至るまで、日本全国で公共工事が活発に行われていた。淡路島も例外でなく、他地域以上に、島であることで港湾工事、ダム工事、農業振興工事、道路工事、さらには四国との架橋工事、本土との架橋工事など、公共工事が目白押しであった。私の会社は公共工事への資材納入が主事業であったので、島内だけで多額の売上があった。

当時の私は、その好景気がどこまでも続くかのように錯覚していた。ところが、淡路島を縦断する高速道路が半分できたところで工事が中断されることになった。島外からは多くのゼネコンが高速道路建設のために来島していた。その高速道路工事への資材納入は、わが社にとって大きな売上を占めていた。したがって、高速道路工事の中断がその年の売上を大きく下げ、創業来初めて赤字決算を出すことになった。その赤字決算が父親の自信を失くさせ、若い私に社長を譲ることになる。

赤字決算を受けて社長になった私は考えることになる。淡路島という限られた商圏の中だけで商売をしていると、商圏内の公共工事の多寡に業績を左右されてしまう。今後も島内だけを商圏とするのか、それとも島外へ進出していくのか考えねばならない。

私が出した決断は島外進出だった。神戸に営業所を出したことを皮切りに、大阪、東京、名古屋と次々に支店、営業所を開設した。気がつくと、北は北海道から南は沖縄まで商圏が広がっていた。私はひたすら営業拡大、規模拡大に走った。

私の決断は、結果として倒産に至る遠因になる。かなこが私に聞いたことがある。

「もしお父さんがもう一度人生をやり直せるとしたら、淡路島から外に出ることはない？」

「お父さんはやり直せたとしても同じように島外へ商圏を広げるだろうね。ただ、もっと慎重にじっくりと考えながら進めようとは思う」と言った。

当時関西では、私の会社と同じ建設資材販売会社で私の会社より大きな会社が二社あった。そのどちらも大きい順番から倒産していくことになる。その二社が倒産に至ったとき、いよいよ次は自分の番かなと思っていたものだ。

その後、売上が百十五億円をピークとして停滞することになる。そして微増微減の一進一退が続いた後、急激な右肩下がりとなり、倒産に至った。

淡路島外へ進出してまもなく、バブル経済が崩壊した。国の財政緊縮政策を受けて公共工事が半減した。さらに、建設業界の談合体質が問題となり、公共工事へのバッシングが強くなっていった。そんなまさに逆風が吹く中での営業拡大だった。トドメが麻生政権から民主党の鳩山政権への交代。鳩山政権の「コンクリートから人へ」のスローガンの下、全国の大型建設工事が軒並み中止、中断となる。私が各地で受注していたコンクリート関連の仕事がキャンセルとなった。このことで急激な売上減が連続し、資金ショートとなり、あえなく倒産することになった。

リストラ断行のツケは大きい

これが倒産に至るまでの事情背景だ。これから話すのは売上が停滞していたころのことだ。建設資材販売という事業は、元々商社ビジネスが主であり利益率が極端に低かった。粗利率が五パーセント程度しかなく、利益率が高い事業、商品への転換が望まれた。ただ、売上が極端に落ちると資金需要が増えることになるので、売上をある程度維持しながら事業を再編していくという離れ業が必要であった。

当時、金融機関からは薄利多売のビジネスへの懸念はあったものの運転資金の不足に対応はしてもらえていた。ただ、売上停滞期は利益が出たり出なかったりと不安定だった。その後の金融機関のさらなる支援が必要となるときに備え、私はリストラを断行することにした。具体的には、損益計算上の営業利益の段階での黒字化を維持する目的でリストラを行った。金融機関から指摘されたわけではないが、融資の際、提出する試算表が営業黒字であれば交渉がしやすいと考えたからである。

結局は最後に急激な売上減が始まり、資金ショートを起こし倒産するのだが、いわゆる「黒字倒産」であった。試算表上営業黒字であるにもかかわらず倒産したわけだ。そのときの私はまるでわかっていなかった。営業黒字を達成することが唯一の解決策のように考えていた。何よりも手元資金の確保が一番重要であったことを知るのは、倒産後しばらくしてからになる。経営者として不明を恥じる。会社を潰さないために営業黒字化を進めたのに、資金ショートを起こして倒産したのだから、まるで意味がなかったことになる。

本来の手順としては、先に手元資金の確保に努めるべきであった。資産の売却、子会社の売却など、まだまだ考えられる策があったように思える。今となれば、すべて後の祭りだ。営業黒字化は常に必要なことで当然やるべきこと。そのため安易にリストラしたことが悔やまれる。定年退職、自己退職以外に数名の社員に辞めてもらった。リストラは辞めた社員だけでなく残った社員の心まで傷つく。残った社員がさあ頑張ろうとは決してならない。さらには経営者自身が自信を失くすことになる。

極論となるが、会社は黒字であろうとお金がなければ潰れるのだ。逆に言うと、会社は赤字でもお金さえあれば潰れることはないのだ。この単純な原則が経営者にはなかなかわからない。

財務諸表の貸借対照表より損益計算書の利益ばかりにとらわれると、そんなこともわからなくなる。金融機関に利益を上げてほしいと指摘されると、そればかりに意識が向かう。貸借対照表をじっくり眺めれば、手元資金の捻出方法が見つかるかもしれないのに、それを忘れてしまう。

私が会社を倒産させた原因はここにあった。赤字でもお金があれば会社は潰れない。手元資金を疎かにして営業拡大と営業黒字化に走ったツケは非常に大きなものとなった。多くの会社経営者には、黒字でも会社は潰れることがあるのだと知っておいてほしい。

第5章

人生の話をしておこう

Episode 25

たくさんの人のお陰で生きている

飛び込んだ力で浮かぶ蛙かな

二〇一〇年四月十八日、私と妻は奈良にある百毫寺（びゃくごうじ）にいた。母親の弟である叔父が誘ってくれた。三月に会社を倒産させ落胆していた私を慰めるため、奈良の叔父の家に招待してくれていた。

百毫寺は叔父の家から田んぼを抜けてしばらく歩いたところにある。百毫寺から若草山の裾野を通ると、奈良公園まで叔父の家から約一時間の散歩が楽しめる。その日は叔父の散歩に私たち夫婦が便乗させてもらっていた。百毫寺を参詣して境内を出ようとしたとき、社務所からお坊さんが紙を持って掲示板へ走るのが見えた。お坊さんが何を貼りに走ったのか何気に気になり覗いてみた。掲示板に貼られていたのは「今日の言葉」というよくある貼り紙だ。

「飛び込んだ力で浮かぶ蛙かな」

私と妻は思わず顔を見合わせた。あまりにも私にとってタイムリーな言葉だと驚いた。一か月少し前に、会社の倒産、個人の自己破産を決断して会社を法的整理していた。私にすれば断崖絶壁から奈落の底へ飛び降りたような気分でいた。飛び込んだのはいいけれど、浮かぶ瀬なぞまるで見えやしないと毎日が沈んだ気持ちだった。そんなときだから、その掲示板を見て不思議に思った。まるで私のために書いてくれたかのようだと妻に言った。

あれから十年が経つ。勢いよく池から浮かび上がることができたのかと問われると自信がない。それでもお陰様で東京の下町に住居兼事務所を構え、曲がりなりにも会社を起業することができている。勢いよく元気にとは言えないけれど、沈んだ池から浮かび上がれている。今こうして無事生活ができているのは、本当にたくさんの人たちが私を支えてくれているからだ。人とは愚かなもので、何不自由なく無事暮らせていると、ついついそのことを忘れてしまう。自分の力で生きているようにさえ錯覚してしまう。

妻と二人これからどうやって生活をしていけばいいのかわからず、苦しい日々を重ねていた私が、たくさんの人のお陰でなんとか生活ができるようになった。そんな私が信じがたいことに、愚かにもそのこと、その人たちのことを忘れてしまっていることがある。その度に私は自分が情けなく惨めで恥ずかしく思えてくる。何か物事がうまくいけば、それだけで嬉しくなって調子に乗ってしまう。少しでも自分の思いどおりのことができなかったら、思い切り落ち込んでしまう。自分の身勝手さ浅はかさにつくづくと嫌気がさす。

人の縁、地の縁にただただ感謝

奈良で叔父にお世話になったその年の七月、私と妻は特急サンダーバードに乗り、大阪から金沢に向かっていた。三月から尼崎の伯母が経営する薬局店の裏座敷に居候させてもらっていた私と妻を私の従姉妹たちが招待してくれた。私の父親の兄の娘たちで、私よりひと回り上の姉妹だ。姉妹の父親が戦前大阪で経営していた材木屋に私の父がお世話になっていたことがあり、父は小さい私を連れよく顔を出していた。私の父は九人兄弟姉妹の四男坊だ。従姉妹の父親が長男である。

戦前、従姉妹家族は戦争疎開で徳島の田舎に帰っていた。父親の兄弟姉妹が彼女たち家族を冷遇したことに姉妹は傷ついていた。戦後、親戚から逃れるように従姉妹家族は再び大阪へ帰ったという。以後、従姉妹家族が親戚づきあいをするのは私の父親だけとなっていた。従姉妹たちが付き合う唯一の従兄弟が私だけとなった。年が離れた私を彼女たちはいつも気づかい優しくしてくれていた。

私が親父の会社を継いだことを聞いた従姉妹はとても喜んでくれていた。私がその会社を倒産させたことを人伝手に聞き驚いたことだろう。尼崎の親戚の家で居候していることを知り、金沢旅行に連れ出してくれたのだ。私より妻を心配し励まそうとしてくれていた。還暦を過ぎた従姉妹たちは大阪郊外で隣り合わせに暮らしている。姉妹共に年金暮らしで慎ましく生活している。にもかかわらず、私たち夫婦を招待してくれた。

昨年二月、九年ぶりに金沢を訪れた。公益社団法人石川県産業創出支援機構から講演依頼があり、冬の金沢に降り立った。以前、従姉妹たちと訪れたときは暑い夏だった。金沢駅周辺が様変わりしている。東京からの新幹線は満席で、外国人観光客も多く、金沢が賑わいを見せていた。

私は講演を翌日に控え、前泊での金沢入りだ。従姉妹たちと訪れたときは会社倒産後四か月で、まだまだ私は立ち直れず、まことに情けない状態だった。あれから九年が経つのだと感慨深かった。有難いことに、そのときの講演は好評をいただいたようで、その年の八月から十二月まで五回連続セミナーの講師を依頼されることになった。個別コンサルにも一度お呼びいただき、昨年は都合七回も金沢へ行かせてもらった。

人生には不思議なことがたくさんある。人の縁と同じように地の縁というのがある。私には金沢と地の縁があるように思えてならない。従姉妹に誘われ、私が傷心で訪れたのが金沢であり、まだまだ慣れない講演の仕事を六回もさせてもらい、自信をもつことができたのが金沢だ。お陰で金沢での知人ができ、嬉しい限りだ。私と従姉妹との縁が金沢との縁を結び、金沢の縁が金沢の知人との縁を結んでくれた。人の縁、地の縁とはまことに不思議である。

十年前の九月に、半年間の居候生活を終え、私と妻は東京へと向かった。東京で新しい生活を始めることだけが決まっていたが、どこに住むかは全く考えていなかった。

八月に妻の友人が東京に住んでいるから尋ねてみようということになった。彼女が住むJR御徒町駅に着いたのは夏の夕暮れ、アメ横を前にした駅前は人でごった返していた。彼女が住んでいるのは駅から浅草方面へ歩いて五分のところだ。今にも崩れ落ちそうな古い木造家屋の二階が彼女の住まいだ。建物全体が傾いているようで至るところに隙間がある。真冬は風が入りとても寒いだろうなと思われた。

彼女の家には二泊させてもらった。以前の私が経営する会社の東京支店は田町にあったが、御徒町は初めて訪れる街であった。誰一人知る人のいない東京だ。せめて妻の友人がいる近くで暮らし始めることができれば、妻が寂しい想いをしないでいい。これも人の縁だと思った私たち夫婦は、友人宅の近くで暮らすことに決めた。友人がお世話になっている不動産屋へ行き、どこか適当な住む家を探してほしいとお願いして東京を後にし、従姉妹たちの誘いで金沢旅行に行ったのだった。

そうして決まった家が今の借家だ。住み始めてわかったことだが、非常に交通の便がいいところだ。都内はもちろん全国へ出ていくにも便利だ。東京台東区の下町に居を構えてから、音信不通であった友人知人がたくさん訪ねてきてくれることになった。妻の友人との縁で下町との縁ができ、この下町でたくさんの人との縁が結びなおされ、新しい人との縁を結んでいる。

馬鹿な私は、たくさんの人の縁を忘れていることがある。そんなとき、お世話になったすべての人の顔を思い浮かべ、一人ひとりに「ありがとう」と言っている。

Episode 26

誠心誠意、全力を尽くす

人は真っ当に生きていたなら何も問題はない

私の友人の話をしておこうと思う。私の人生の節目、節目に必ず彼がいた。いや、彼がいてくれた。彼と出会ったのは淡路島の県立高校二年生のときだ。学年は八クラスあった。二年生で同じクラスとなり、初めて彼を知ることになった。

私は淡路島の田舎の小学校、中学校を卒業して、初めてバスに乗り、約一時間かけて島の中心地にある高校に進学した。高校では剣道部に入り、友達、仲間がたくさんでき、高校生活を楽しんだ。

初めて彼と出会ったときの印象が強く残っている。当時、男子に長髪が流行っていた。私も中学は丸坊主だったが、高校に入ってからは伸びるに任せて長髪になっていた。私の髪の毛は硬く太かったのでゴワゴワとして扱いが面倒だった。初めて見た彼は私と違って髪の毛が柔らかそうで細くきらきらと輝いているようだった。その髪をまん中からかき上げながら、詰襟の前ボタンを上から二つ三つ外し、手をズボンのポケットに入れて歩く姿が目立っていた。しかも内股で肩を揺らして歩くので、遠くからでも彼だとわかった。

彼は私のそれまでの友達にはいないタイプの男の子だ。島の中心地の歯医者の三男坊だという。頭はよさそうだが優等生タイプとは違う。みんなと群れることが嫌いでないのにうまく混じれない。人見知りが激しそうなのに妙に人懐こい。私にはクラスの他の生徒とは違って見えた。

彼はサッカー部に入っていたが早々に辞めた。私と知り合ったときは美術部で油絵を描いていた。人と人が友達になる理由や要因はよくわからない。性格や生活環境がまるで違う私と彼とが友達となり、しかも、今でも変わらず友達でいられるなぞ思いもしないことだ。

知り合ってからよく二人でいた。週末ともなるとバスに乗り、私の家によく泊まりにきていた。私の母が作るご飯をなんでも旨いうまいと食うものだから、母はとても彼のことを気に入った。彼も居心地がよさそうで、よく私の家に遊びに来ていた。

高校三年生になると、彼は理系、私は文系と分かれたが、昼休みともなると彼が私のクラスに飛んできていた。

大学受験は共に失敗し、二人とも東京で予備校に通うことになる。東京で彼は三畳賄い付きの下宿、私は四畳半アパート暮らし。ところが毎日のように彼が私のアパートに来るようになる。夜遅くまで二人で酒を飲み、朝遅くまで寝てしまう。起きては三軒茶屋のパチンコ店に入り浸り、閉店まで粘ってしまう。

夏までそんな生活が続いていた。さすがにこれでは来年も受験に失敗すると思った私は、夏以降淡路島の自宅で受験勉強することにした。そのお陰で次の年、京都の大学になんとか入学することができた。彼は残念ながらもう一年浪人生活を東京で過ごし、翌年名古屋にある大学の歯学部に無事入学できた。私の大学の入学式には彼が東京から京都に来て、私の母親ともう一人の友人と三人で参席してくれた。私はその後留年し、五年かけて大学を卒業した。

私は大学卒業後、父親の会社に入社し、二十六歳で結婚した。見合いで結婚が決まり、すぐに名古屋まで妻を連れ、彼に会いに行った。彼はまだ歯学部六年目、最後の学生生活をしていた。予想どおりの汚く狭い彼のアパートに妻と泊めてもらい、語り明かした。

結婚する妻には、どうしても彼を知ってもらわなければと思っていた。淡路島での結婚式には彼が名古屋から来てくれた。友達だけの二次会のスナックでは酔っ払い、気がつけば彼一人裸になり騒ぐことになる。挙句に裸のまま店の外に飛び出したのには驚いた。相変わらずの彼の行動が私には嬉しく思われた。

結婚一年後に長女が生まれた。その長女の顔を見て安心したのか、私の母は急逝した。その一報を受け名古屋から彼が飛んできてくれた。そのとき彼は国家試験に合格し、名古屋の大学病院で研修医として働いていた。

葬儀当日、地元の葬儀屋が家から葬儀会場の寺まで遺体を運ぶ車が手配できないと言ってきた。仕方なく会社の資材配達用のトラックの荷台で運ぶことにした。私が運転し、荷台に彼が乗り、母を運んだ。八月の暑い最中の葬儀だった。高校生のころから私の母を大切にしてくれていた彼がトラックの荷台で母の亡骸に付き添ってくれたことが嬉しかった。

その後も毎年夏、母の命日には欠かさず名古屋から彼が来てくれた。それは彼が結婚し、子どもが次々三人できても変わらず、母の仏前にお参りしてくれた。

その後十数年が経ち、名古屋の大学病院で勤務医として働いていた彼は、地元淡路島で親の跡を継いで歯科医院を営むことになる。彼の妻も同じ歯科医であり、夫婦で患者を診ている。彼の父親は、地元では温厚で誠実な歯科医として有名で、医院はよく流行っていたという。父親が亡くなった後、次男坊が一時跡を継いでいたが若くして急逝する。その次男坊の跡を継ぐため、彼ら夫婦が名古屋から帰島することになった。名古屋では夫婦二人とも勤務医として働きながら三人の男の子を育てていた。彼が帰島したとき、彼の長男が高校入学の年だった。私と彼の母校に彼の長男が入学することになった。

最高の生き方とは

彼ら夫婦が経営する歯科医院はとても評判がよく、患者が多いことで有名になっている。彼と彼の妻の人柄が地元の人たちに知られるようになると、さらに患者が増え続けている。朝早くから夜遅くまで、夫婦二人が患者のためにと懸命に働いている。

彼らが地元へ帰ってもう二十年になる。彼らの献身的な診療は相変わらず評判でますます患者が増えているという。朝九時から夜終わるのが九時ごろだ。一日十二時間立ちっぱなしで診療している。彼の高校生、大学生時代を一番知っている私からすれば、今の彼の姿は信じられない思いだ。私と一緒にいつもぐうたらとしていた若者が、今では地元の人たちに信頼され愛されている歯医者になるなど、思ってもいなかった。

彼は大学に入学してから本当によく勉強したのだと思う。彼の妻が同じ大学だったので、彼女から彼の大学生から研修医時代の話、そして勤務医時代の話を聞かせてもらったことがある。彼が勉強を一生懸命していたこと、勤務医として時間を問わず患者を診ていたこと、その当時から患者に非常に優しく丁寧であったことなど聞かせてもらった。彼のそれまでの仕事ぶりを聞かされた私は、もし母が生きていたならどんなにか喜んだことだろうと思った。彼が日々、誠心誠意をもって患者に接していることは誰よりも私が一番わかっている。彼が仕事で一切妥協しないであろうことを私はよく知っている。彼の働く姿を見ていると、人間まっとうに生きることが一番大切なのだと思わせてくれる。

私が会社を倒産させ淡路島を去ることになったとき、一番寂しく思ってくれたのが彼であろう。彼が淡路島へ帰るとき、私がいるから帰ってもいいかと思ったと言っていた。その彼を残して私が淡路島を去ることになり、私は彼に申し訳なく思っている。私が東京で暮らすことに決めたと彼に話したとき、彼の目から涙が落ちた。

あれからもう十年が過ぎる。どんなことが起ころうとも、彼の歯科医としての仕事は日々、こつこつと続けられている。誠心誠意、患者に全力で尽くすことが彼の人生そのものだ。

Episode 27

摩訶不思議なもの。それは人と人との関係

すべてを失くした後に残るもの

あれは十年前の五月ごろだったと思う。その日、私は神戸地方裁判所に妻と二人で出かけていた。私の会社の第一回債権者会議と、私個人の債権者会議が開かれることになっていたからだ。

会社を倒産させると多くの債権者に迷惑をかけることになる。私の場合も例外でなく、総額四十五億円という多額の負債があり、多数の取引先に迷惑をかけた。当日はたくさんの債権者の方々が出席しておられた。私はただただ心からお詫びを申し上げるしかないと思い出かけた。

債権者会議では、元経営者に債権者から罵声が浴びせられ、会場に怒号が飛び交うというのが相場のようだ。明日の債権者会議でそういうことが起きても当然のことと覚悟して出かけた。

支店長からの伝言

当日、妻を控室に残し、弁護士とともに会場に入った。会社だけでなく私個人も自己破産していたので、最初は会社の債権者会議、その後個人の債権者会議の予定だった。会場にはたくさんの債権者が詰めかけていた。よく知っているメーカーの元担当社員が何人かいたが、ほとんどが初めて会う人たちだった。

会社の債権者会議は破産管財人により淡々と進められ、静かな中、十五分程度で終了した。気がつくと、私がお詫びを申し上げる機会もなかった。すぐ続けて個人の債権者会議になると、金融機関関係者数人が残るだけとなった。こちらはさらに早く、五分程度で終わった。すると、後ろのほうに残っていた一人の方が前に座る私のところにやってきた。私は誰に何を言われても仕方がないと覚悟していた。その人は自分の名刺を出しながらこう言った。

「大石社長、私はT銀行の者です。私どもの歴代支店長が社長にくれぐれもよろしくと伝えてほしい、またお体に気をつけるよう言っておいてほしいと言われ、今日やってまいりました」と。彼はそう言うだけで帰っていった。T銀行は金融負債額十二億円と一番多かった。メインバンクは地元信用金庫で四億円の負債に対し、当社本社敷地ほか不動産を担保とし、さらに二億円近い定期預金が入れてあった。Ｔ銀行にはその他のわずかな不動産担保とわずかな定期預金を入れてあるだけで、私は心苦しく思っていた。

私自身、金融機関の中でＴ銀行には一番迷惑をかけ、申し訳なく思っていたので、Ｔ銀行の彼が文句の一つも言わず、先の支店長たちからの言伝を言ってくれたのが予想外だった。前日から債権者会議を控えて覚悟をしていたとはいえ、相当な緊張を強いられていた私は、Ｔ銀行の彼の言葉を聞いて張り詰めていた気持ちがいっぺんに溶けていくようだった。神戸地裁の別部屋で心配しながら待ってくれていた妻に早速その話をした。妻も予想外の展開と考えもしなかった出来事に驚いていた。

Ｔ銀行との取引は、私が社長になってから本格的なものになっていった。淡路島から外に向け、まず神戸に営業所を出してから次々と支店・営業所網を全国に広げ始めたころだった。そんなとき、Ｔ銀行地元支店に最年少の支店長が就任してきた。就任以来足しげく来社し、融資の提案をしてくるようになった。ちょうど私は企業規模拡大路線をとり、積極的に事業を展開していた最中だった。私のそういう思惑と彼の思惑が一致することになり取引が始まった。

東京、大分で企業買収により二社を子会社とし、東京で飲食業を目的として子会社を設立するなど資金需要が多かった。それらの資金も含め多くをT銀行が融資してくれていた。

あるとき支店長の彼に聞いた。

「飲食業の子会社を作って東京で事業を始めたとき、うまくいくと思っていたのか」

「いや、失敗すると思っていました」

「じゃあ、なぜ止めなかった」

「社長の会社と取引したかったからです。会社がなにやら面白く思えたからです」

彼のその言葉を聞いたとき、私は何がなんでも事業を成功させねばと思ったものだ。残念ながら、その後会社を倒産させ、T銀行に迷惑をかけることになったが。

会社を倒産させて上京し、数年が経ったころ、誰かが東京の私の家を訪ねてきた。玄関を開けるなり「大石社長、お久しぶりです」という声がした。出てみると、T銀行で長年私の会社の担当者をしていたY君だった。聞くと、T銀行の東京の新設店舗で次長をしているとのことだ。当時支店長とともに足しげく私の会社に通ってきていたのがY君だ。あの当時のY君の仕事ぶりからすると、Y君はもうどこかで支店長をしていると思っていた。それがまだ次長でいると聞き、何かあったのかと尋ねてみた。

「じつは、取引先の社長と飲んだ後、飲酒運転で事故を起こしてしまいました。本来なら銀行を辞めなければならないところだったのです。そこを当時の支店長だったBさんに助けてもらってなんとか首にならずに済んでいます。それで東京へ来たというわけです。東京に大石社長がいると聞いていましたので、矢も楯もたまらず来てしまいました」

そしてY君によると、当時の支店長のB氏が今は専務取締役になっており、近い将来必ず頭取になるだろうということだった。

当時からT銀行の最年少支店長として注目されていたB氏だが、順調に出世階段を上っているようだ。私の会社が倒産したことで彼の出世に影響したのでないかと心配していたが杞憂だった。ただ、私が倒産したときの支店長にはきっと迷惑がかかったことだろうと申し訳なく思っている。そんな彼ら歴代支店長が私に恨み言や嫌味を言うことなく私の身体を心配してくれていた。彼ら支店長のその言葉を伝えるためだけに部下を債権者会議に出席させたようなもので、私は有難く思った。

私の顧問先に、私と同じように債権者会議を経験している経営者がいる。その社長に聞いてみると、債権者会議では初めから険悪な雰囲気の中、社長に対する罵詈雑言が飛び交って収集がつかぬ有様だったという。彼に私の話をすると、「あり得ない」と言っていた。債権者が何も言わずに帰ることがあり得ないと言い、金融機関がそんなことを言って帰るとはさらにあり得ないと言っていた。

会社の倒産によって私自身が失ったものは多くある。会社の資産はもとより個人の資産すべてを失くし、私の社会的地位や名誉といったものを失くした。さらに人間関係の多くが消え失せた。中でも仕事上の付き合いがあった人との関係はことごとくなくなった。ましてや取引先で大小にかかわらず負債を負わせた相手との関係は当たり前であるが、完全になくなっている。そんな中でも私を心配し、会いに来てくれる人が少なからずいてくれる。

人と人の出会いでは、何かしら化学反応のようなものが起こるときがある。人と人が互いに発する波動が共鳴しているかのようなときがある。相手のことが好きだという感情でなく、同じ空間にいることが心地好いといった感じかもしれない。そのような人との関係は、時空が違っていても何も変わらないかのように思える。そんな人と人との関係は嬉しいものだ。

Episode 28

妻をめとらば才たけて、みめ美しく情けある

私は妻のお陰で生きている。これには我が子も異論がないだろう

私は妻のお陰で生きている。妻なしではとっくの昔に野垂れ死んでいただろう。妻がいなければ家族が崩壊し、子どもたちが私のところに近寄ることなどなかっただろう。これには子どもたちも異論がないだろう。

彼女は妻の鏡であり、私の女神だ。明治の歌人、与謝野鉄幹の詩『人を恋うる歌』の冒頭に、「妻をめとらば才たけて、みめ美しく情けある」とある。私の妻は人として賢明で、常識があり、分別がある。また若いころからスタイルがよく上品な美人である。そして人一倍情け深い。まさにこの詩の女性を絵に描いたようである。子どもたちにはこれにも異論はないはずである。

私と妻は出会って一週間で結婚を決め、半年後に結婚した。互いに商売人の息子と娘、決めたらすぐに行動する。それだけは二人とも今でも変わっていない。

新婚生活は私の夜遊び、朝帰りから始まった。私の実家で私の母親との三人暮らしだ。いつまでも帰らない新婚の夫を待つ妻に、私の母は毎晩、私に代わり妻に詫びていたようだ。

妻に支えられ

結婚二年目に長女みなこが生まれた。初孫を待ちかねたかのように私の母親が急逝した。私の結婚を一番喜んでくれたのは母親だった。妻が嫁にきてくれたのが嬉しく、誰にともなく妻の自慢をしていた。母はそのころ凝りだしたカラオケ教室で歌っている最中に、くも膜下出血で倒れ、病院に運ばれ翌日に亡くなった。妻からの連絡で駆けつけた私の手を握り、「痛いよ、痛いよ」というのが最後の言葉だった。妻には日ごろから、私のことを謝りながらも、私のことをくれぐれもお願いしますと頼んでいたという。

その後、次女かなこ、長男まさあきと生まれていく。三人の子どもを妻が一人で育てることになる。私は経営者としてそれまで以上に仕事に、青年会議所活動にと忙しくなり、家庭を省みなくなる。家のことはすべて妻任せになり、家に帰れば帰ったで亭主関白を気取っていた。家ではまるで何の役にも立たない夫だった。

会社を倒産させた後、私は法的整理が完全に済むまでは動かずにいようと決めていた。

その間は親戚の薬局店の裏座敷で居候することも決めていた。そして、法的整理が済んだ後、東京で新しい生活を始めようと考えていた。それまでの私がそうであったように、それらのことを妻に相談することなく、すべて私が決めていた。私と妻が今後もそれまでと同じように一緒に動くものとそう思っていた。そして、妻がそのように私と共に生きることを決断してくれたからこそ、今の私たち家族の生活がある。

妻の父親はすでに亡くなっていたが、母親は地元で一人、大きな邸宅で暮らしていた。今も母親は健在で、元気に気丈に一人で暮らしている。そのとき妻には、私と別れて母親と暮らすという選択肢があったはずだ。おそらく全く考えていなかったということはなかっただろう。私のことが心配だろうが、母親のこともさらに心配だったはずである。おそらく母親が、「私のことはええから、一緒にいたげなさい」と、妻の背中を押してくれたのだろう。

もしあのとき妻がついてきてくれていなかったら、今の私たち家族の生活はない。子どもたちはそれぞれどこかで暮らしているだろうが、私一人の生活がどうしても想像できない。慢性骨髄性白血病の私は、病院通いをしなければ生きていけないのだが、一人暮らしならとても病院通いなぞしているとは思えない。今ごろはどこかで野垂れ死んでいるに違いない。そう思うと、あのときの妻の決断に感謝するしかない。妻のお陰で子どもたちが寄り集まってくれ、それぞれに家庭を持ち、孫の顔まで見せてもらっている。

私の父親は会社が倒産する直前に九十四歳で亡くなった。亡くなるまでの二年間、父は私の家で暮らした。それまでは長年連れ添った女性と暮らしていた。その女性が亡くなったのを機に、父を一人にできず、私の家に連れて帰ることにした。九十二歳になった父は、元気ではあったが要介護であり、妻が面倒を見ることになった。それまで父は妻には少し遠慮がちに話していたが、我が家に来てからは年を取ったこともあり、箍（たが）が外れたかのようにずけずけと言いたいことを言うようになっていた。これにはさすがの妻もたまらず、時に私をつかまえて父の愚痴を言っていた。それでも二年間、妻は父の世話を最後までやり遂げてくれた。父の葬儀のとき、妻は父にしてやれることは全部やれたから一つも悔いることはないと言っていた。

妻は、私との結婚当初から、父が外に家を構えていることで母が気苦労していたのを悲しがっていた。正義感が人一倍強い妻はそんな父に我慢ならず、母に代わって父によく意見していた。

初めのころ、父はそんな妻に苦笑いをするだけであったが、度重なると父も応戦することが多くなった。妻にとって男として全く評価できない義父だが、嫁としての務めは果たすということで、最後の二年間を看取ってくれた。これも私が妻に感謝すると同時に頭が上がらないことの一つだ。

そのころ妻に、「親父のことすまんな。ありがとう」と言ったことがある。妻は「ええねん。私修行のつもりでやっているから。これで功徳がまた一つ積める」と答えていた。

東京での生活が始まってから、なかなか私のやることが決まらぬままに時間だけが過ぎていた。翌年春に、株式会社だけとりあえず設立しておこうということで、妻を代表取締役とした。だが、会社は創ったものの私がまったく活動しようとしないので収入がない日が続いていた。

そんなある日、しびれを切らした妻が、「お父さん、銀行にもうお金がなくなる。なんとかしてよ」と言う。私はそれを聞いてようやく目が覚めたかのように慌てて動き出した。旧知の方々にお世話になり、なんとか数社の顧問をさせてもらうことになった。そうしてやっと今の会社が動き始めた。

私の妻はとにかく明るく元気だ。そして情が深く人にやさしい。私はこれまでの人生で、妻のそういう性格のお陰で随分と助けられている。

以前の会社を経営していたときも、妻のお陰で取引先への気配りをすることができた。

私とは正反対な性格だが、基本的価値観が同じなので話は合う。子どもたちが小さいころ、父親への不満を言っていると妻が必ず私をかばってくれていたようだ。

「お父さんが仕事をして稼いでくれているからみんながこうして暮らしていける。お父さんに感謝しないとね」というのが決まり文句だったと聞いている。そのお陰で子どもたちが究極のところで私を嫌わずにいてくれるのだろう。

妻が私に何度か言った。

「今世はもう仕方ないからお父さんの面倒みるわ」と言うから、「そんなこと言わんとまた来世も頼むわ」。すると、「今世はお父さんで十分功徳を積んできたから、来世私は仏さんになる。そやからもうお父さんと一緒になられへん」と返される。

私は今まで私が妻にしてきたことはすべて棚に上げて、「来世があるならまた一緒になろ」と本気で思っている。私がそう言うと、妻は真顔で嫌な顔をする。

じつは、私は妻とは赤い糸で結ばれていたと信じている。まだ出会ったことがない高校生のとき、妻の存在を知り、なぜだか将来の嫁だと思ったことがあったからだ。その話をすると、妻はまた嫌な顔をした。

人生、何が幸いするかわからない

父親を反面教師としたのか、我が子たちは善人を伴侶とした

私の子どもたちの伴侶の話をしておこう。娘婿たちと息子の嫁を自慢しようということではない。彼らが我が子らの伴侶となってくれたことに素直に感謝しているのだ。また、我が子たちが彼らを伴侶として選んだことが嬉しく思えるのだ。

三人の子どもたちに孫が生まれ、日々忙しくしている。それぞれの家庭は笑顔が絶えず明るく賑やかだ。物質的豊かさはないけれど、なんとか生活できている。何よりも私の子どもたちが幸せそうであることが嬉しい。親として安心させてもらっていることに感謝している。

人とは不思議なものだ。自分の立場、立ち位置などの環境で、自分の価値観、判断基準が変化する。私が以前のまま建設資材会社を経営し続けていたなら、当然今と違う価値観、判断基準を持っていただろう。特に人への評価は自ずと今と違っていたはずだ。当然のことながら、長男は会社の後継者として見ていた。だから長男には後継者として相応しくあれと教育しただろう。その長男が結婚するなら、経営者の嫁として相応しい伴侶であれと願ったに違いない。もしかすると、私自らが相応な女性を探していたかもしれない。

娘たちの結婚にも無関心ではいられなかっただろう。娘婿になる相手にはいろいろと注文をつけているだろう。もしかすると私が娘婿を探してきたかもしれない。娘婿たちも後継候補の一人として見たかもしれないし、少なくとも人の上に立つことができる人物かを判断基準として見ただろう。結婚してからも娘婿たちにあれこれと文句をつけ、差し出がましいことを押し付けていたかもしれない。

妻にこの話をすると、「あなたのことだからきっと口やかましく、それぞれに干渉していたでしょうね」と言っている。妻に言わせると、会社を潰し財産を失くしたことはご先祖様に申し訳なく思うけれど、子どもたちにとっては、「今のほうがよかった」となるようだ。

長女みなこの婿ジョンは十二歳年上のニュージーランド人で、もう日本に来てかれこれ二十年になる。ニュージーランドでバンカーをしながらプロゴルファーをしていたが、その後プロキャディーに転身して日本にやってきた。主に女子プロツアーで選手のバッグを担いでいる。日本で外国人プロキャディーの草分け的存在だと言われている。今年は年初からの新型コロナウイルスの影響でプロゴルフツアーの開催が遅れ、収入の道が途絶え困惑している。女子プロゴルフ競技はようやく開催に漕ぎつけたが、先行きはまだ不透明だ。こればかりはどうしようもなく頭を抱えている。

みなことは、次女かなこの婿の紹介で知り合った。みなこに紹介しようと思い連れていった飲み会で、紹介される前に二人並んでビールを飲んでいたらしい。九月に知り合い、十二月には二人で暮らし始めていた。みなこは以前大きな病院で看護師をしていたが、結婚してからは銀座にあるクリニックに勤めている。

ジョンはゴルフツアーがあるときは日曜日に帰京して週明けに出かけるという生活だった。ところが、今年はツアー開催が遅れているため毎日自宅にいる。孫のジャックは毎日父親がいてくれるのが嬉しくてたまらないようだ。朝早くから親子で近くの公園でボール遊びをすることが日課だ。

ジョンは日本語があまり上手でないこともあるが、ふだんからそうおしゃべりではない。口数が少なく大人しい。感情を露わにすることは滅多になく、怒ることもないようだ。母親のみなことは喧嘩をすることもあるようだが、どちらかと言えば娘のほうが勝っているのだと思う。

ジョンは東京でカフェを経営していたことがあり、自分で料理を作ることが好きだという。みなこがクリニックで仕事をして帰ると、子守と洗濯、掃除を済ませ、美味しそうな料理を作って待ってくれている。私からみればとてもやさしい旦那で、まことに結構なことだ。

次女かなこの婿は十三歳年上になる。かなこの結婚が一番早かった。前述したように、私たち夫婦が上京するとき、ニューヨークでアパレルメーカーに勤めていたのを辞めて、急遽帰国してくれた。かなこがいなければ、私たちの東京生活は始まらなかった。なにせ、それまで社長しかしたことがない父親と社長夫人しかしたことがない母親と二人だから、どうしようもなかった。それから一年が経ったころ、私が会社だけ立ち上げ、少しずつ仕事ができ始めたころでもあるが、突然家に男を連れてきた。お父さんに会わせたい人がいると妻から聞いていた。

「お父さん、結婚を前提にお付き合いさせていただいています」と少し緊張気味で震えながらそう言っていた。ところがそれから一週間後、かなこが妊娠していることがわかり、急遽また男が家にやってきた。

「お父さん、結婚させてください」

先週よりさらに緊張して震える声でそう言っていた。

「なんや、忙しいやっちゃな。先週付き合いたい言うとって、もう結婚させてほしいてか。まあええやないか」とわざと関西弁で話してやった。男を少しビビらしてやろうと、せめてもの私の抵抗だった。

かなこの婿はプロゴルファーのマネジメント会社を経営している。社員はいない。婿の兄が不動産開発会社を経営しており、かなこはそちらの手伝いをすることになった。その後、宅建士の資格を取り、婿の会社で不動産事業部として仕事を始めた。今は二人が互いの仕事を手伝いながら、うまく受注につなげているようだ。

かなこが婿をパパと呼ぶので、私たちみんなが婿をパパさんと呼んでいる。パパさんにとって何よりもかなこが一番だ。自分の子どもよりもかなこが大事で、何をするにしても、かなこを中心として考えている。もう少し自分の仕事と子どものことを考えればいいのにと思うくらいだ。

長男まさあきは、現在アメリカ・シカゴにいる。精密機械メーカーで働いている。高校からアメリカに留学して、そのままアメリカで仕事をしている。当初結婚は三十歳になってからと言っていたのが、次女、長女と相次ぎ結婚したことが影響したのか、大慌てのように結婚した。

まさあきはハワイ島の高校を卒業したのだが、当時からの知り合いだった女性と結婚することになった。嫁の名はクリスティーというのだが、とても明るく気立てがいい女性だ。まさあきとの間に二人の男の子ができている。聞くところによると、家事が少し苦手なようだが、まさあきが十分にフォローしているので大丈夫だ。うちの子どもたちの中で一番几帳面で堅実で慎重なのがまさあきだ。料理、子守と家事全般は彼に任せておけば安心だ。夫婦いろいろなカタチがあっていい。

私は、会社を我が子に継がせることができなかったけれども、一方で子どもたちにとってよかったことがある。それは自分たちの結婚相手を自分で勝手に決めることができ、父親の執拗な干渉を受ける必要がなかったことだ。私は今、大変満足している。

幸せは不幸な出来事を装ってやってくる

耐え難い災難や大きな挫折は真摯に向き合うことで活路が開ける

幸せは不幸な出来事を装ってやってくる――いろんな人が同じようなことを言っている。私は私の実体験からまぎれもない事実だと認識している。

会社を倒産させ個人破産までした私は、人生がもう終わったのだと思った。これからたとえ生きながらえたとしても、その人生はただの残りの人生でしかないと思っていた。会社を倒産させるということは多くの人に迷惑をかける。その人たちへの償いの意味で、残りの人生は幸せであってはならない。そう思っていた。そう思っていた私が、月日の経つほどに少しずつ幸せな出来事に遭遇していく。そして今では、今がこれまでの人生で一番幸せなときだと思っている。十年前の春、まさか十年後の私が幸せだと思える人生を送っているなど考えもできなかっただろう。

会社を倒産させても幸せになれる

その年の二月末、私の会社が振り出した手形が不渡りとなった。それに伴い法的整理を開始した。三月の初めには、尼崎にある親戚の薬局店の裏座敷で妻と二人の居候生活が始まった。薬局店自体が古い木造家屋で、裏座敷は後から建てた平屋だった。三月とはいえまだまだ寒く、建物の隙間が多く、冷たい風が昼夜関係なく入り込んできた。裏座敷の六畳間が妻と私の寝室だ。淡路島の家とは違いベッドはなく、畳にせんべい布団を敷いて寝ていた。寒さに震えながら妻を抱きかかえていた。妻は平気な顔をしていたが、私は妻に心の中で詫びていた。

春が過ぎて暖かくなると、妻がせんべい布団の上で何かを探し始める。何をしているのかと思っていると、「お父さん、そっちに飛んだ。つかまえて」と叫んでいる。何がいるのかと思っていると、「お父さん、つかまえた、ほら」と私に手を開いて見せる。「え、これ蚤か」と私が見入る。

それからしばらく、夜ともなると妻の蚤取りが始まる。親戚の薬局店での居候生活は六か月に及んだ。親戚の伯母に代わって妻が家事を手伝っていた。妻が拵(こしら)える料理が美味しいと、伯母や従姉妹たちが喜んでくれた。

半年にわたる居候生活の間、私はまるで抜け殻のようだったと思う。過去の出来事を思い出すことを知らぬ間に拒否していたのだろう。思い出せば後悔することばかりが浮かび上がってしまう。先のことはまだ会社の法的整理ができていないから考えるわけにはいかない。自分でそう決めていた。今からするとおかしなことをと思うが、そのときはそう思っていた。過去を振り返らず、先を考えないならば、今はただ時間が経つのを待っているだけとなる。だから私は抜け殻のようだった。

そんな抜け殻の私と、妻は明るく元気に居候生活を過ごしてくれた。妻のお陰で親戚の薬局店は毎日笑いが絶えることがなかった。妻が側にいてくれたらこれから先もなんとかやれそうな気がしていた。

やがて尼崎での半年の居候生活を終え、東京へ居を移すことになる。半年間、一度たりとも私たち夫婦が不快な思いをすることはなかった。伯母はもちろんのこと、従姉妹たちみんなが私たち夫婦に暖かく接してくれた。あれからもう十年である。あの半年間の居候生活を今もときどき思い出す。その度に、伯母と従姉妹たちの優しさが忘れられず、胸が熱くなる。

妻と二人で上京した翌年春、友人に支援をしてもらい、新会社を設立した。そのときも、私はまだまだ立ち直れてはいなかった。男とは本当に弱いものだと思い、つくづく自分に愛想が尽きた。女性なら翌日からでも働くだろう。だが私は一年が経ってもまだだめだと思っていた。その後、友人知人のお陰で顧問先数社ができ、なんとか妻と二人暮らせるようになる。それでもまだ起き上がれてはいなかった。そんな私がようやく立ち上がれたかと思えたのは、東京に来て三年が経ったころだ。

私は十一年前に突然、慢性骨髄性白血病に罹ってしまった。その翌年に会社を倒産させ、個人破産となる。私のように人生で大きな挫折をすると、そう簡単に立ち直ることができないものだ。当然人それぞれではある。私だけがこれだけ時間がかかるのかと思っていた。その後、私と同じように大きな挫折や失敗を経験した人と出会い話を聞いてみると、精神的に回復したと言えるまで、やはり年月が結構かかっていることがわかった。総じて約三年という。私もなんとか立ち上がるのに三年かかったが、それでも完全復活とは言えないと思っている。なんとも情けない話だ。

あれから十年が経つ。私自身にはそう大きな変化はない。概ね平凡で慎ましく平和に暮らせている。この間、多くの親戚、友人、知人に優しく声をかけてもらい嬉しく有難く思っている。

家族にはいろいろと変化が起きている。次女に続き長女が近くで暮らすようになった。それぞれが結婚し、それぞれが孫を見せてくれた。続けて、アメリカで長男が結婚し、孫を二人作ってくれた。現在、子どもたちに孫五人、男の子ばかりがいる。長女のお腹にはさらにもう一人できている。今年の冬には六人目の孫が誕生する。

長女と次女が住むマンションはどちらも我が家から五百メートルぐらいの距離にある。朝から誰かが私の家に来ている。孫たちが通う小学校、幼稚園は私の家のすぐそばにある。幼稚園、小学校が終わると、孫たちは我が家に帰ってくる。朝から夕方まで孫たちの声が聞こえないことはない。毎日が賑やかで騒がしい。妻は三人の子どもを育て上げたが、今また三人の孫を育てているようなものだ。夕方それぞれにマンションに帰ると、ほっとしているようだ。

何を幸せとするか、何に幸せを感じるかは人それぞれかもしれない。少なくとも私は、以前の自分より今の自分のほうが幸せだと思っている。倒産、破産によりすべての財産を失くした。社会的地位、名誉、権威を失くした。たくさんの人たちが去っていった。今は東京の下町の小さな借家に住んでいる。会社を起ち上げたものの妻と二人食べていくだけの稼ぎしかできていない。預貯金がまるでなく、先行きが不安なことがある。それでも不思議なことに、今の私は幸せだと心の底から思っている。大病を患い、会社を倒産させ、破産に至った私が今、これまでの人生の中で一番幸せだと思っている。

大病、倒産、破産という不幸な出来事を装って、じつは私に慎ましく平安で穏やかな幸せな生活をもたらしてくれたのだと、私は本気でそう思っている。

今日もこれから孫たちが幼稚園、小学校から私の家に帰ってくる。私は一階の事務所で仕事をしながら、孫たちが帰るのを楽しみに待っている。

「じいじ、ただいま。じいじ、今日はね給食はね、僕の好きなカレーだったよ。お代わりしちゃった」

《エピローグ》

みんなに等しくビジネスチャンスがある

私は現在六十四歳。慢性骨髄性白血病を患っている私があと何年生きることになるのか全く予想ができない。妻に言わせれば、「お父さんの白血病は風邪みたいなもの。きっと長生きするわ」とのことだ。

十一年前に突然白血病だと言われたときは、もう人生が終わったと思った。幸いなことに、その数年前から治療薬が開発され、お陰で命拾いができている。本来ならもう亡かった命だ。せっかくもらった時間と命、大事にしたいと思っている。ただ、これからまた何か大それたことをやろうとは考えていない。死ぬ間際まで元気で仕事ができれば理想的である。

若い起業家が、初めから多額の経費をかけて事業を始めているのを見ることがよくある。東京のいい場所でいいビルで結構広いオフィスを借り、起業している人を何人か見ている。さらに、当初から社員を数人雇用し、起業しているのを見かける。その度に私は、この人たち大丈夫かなと思ってしまう。また当初から多額の出資を受け、多額の借入をしている企業も多くある。特にＩＴ関連の企業に多いようだ。そして、時間が経ってもなかなか黒字化できない企業が多いのだ。

彼らの多くが初めから事業を大きくしようとして始めている。私から見れば、なんと無謀なことをしているのかと思えてしまう。中にはそれでうまく軌道に乗り、大きくなる会社もある。しかし、ほとんどの起業家は失敗している現実がある。

ビジネスは、小さく始めて大きくしていくのが王道だ。それでは夢がないと言われるかもしれないが、起業に失敗した者のことを考えてほしい。起業に失敗した者の多くが破産者のはずだ。破産経験者が再起する道は非常に狭いのが現実である。起業は積極的にすめるが、経営は慎重にというのが私の意見だ。

本文で紹介したように、次女かなこは今、不動産エージェントとして頑張っている。夫と二人で会社を経営している。夫のスポーツ事業とかなこの不動産事業がちょうど半分ずつの事業収入を上げている。どちらの事業も社員がおらず、それぞれ一人でやっている。

かなこには、今の不動産事業をかなこ一人で三億円の事業収入が得られるビジネスとして考えてみてはと言っている。不動産事業といっても売買仲介、賃貸仲介が主な収入なので、利益率は非常に高い。それをかなこ一人でやれる仕組みを作り上げれば可能となる。いたずらに事業規模を大きくする必要も意味もない。たくさんの経費をかけ、多額の売上があっても利益が少なければ何の意味もない。建設資材販売という薄利多売のビジネスを長年やってきた私が言うのだから間違いない。一人でビジネスパートナーや協力業者の協力を得て、どこまでできるか実践してほしい。

長男まさあきのことはあまり心配していない。彼もいずれアメリカで起業するかもしれないが、生来の慎重派だから安心している。今は日本の精密機械メーカーのアメリカ本社でシニアマネジャーとして働いている。彼は人当たりがよく誰からも好かれ、気が優しい温厚な男だ。今の会社では直属の上司から可愛がられ引き上げてもらっている。あとは同僚から信頼され、部下から慕われるようになれば言うことはない。会社という組織の中でも生き抜くことができるだろう。

長女みなこは看護師だ。ニュージーランド人の婿殿がプロキャディーをしているが、そろそろ次の道を考えるころだろう。まだ当分は日本にいるようだ。彼は五十歳になれば再びシニアプロゴルファーとしてツアーに出ることを考えている。併せてプロコーチとしてなんらかのやり方でビジネスを立ち上げたいようである。みなこはこれから子育てをしながら婿殿のビジネスが現実化するよう手助けをしてやればいいだろう。

私の子どもたち三人は、それぞれ違う環境でビジネスとかかわって、これからも生きていくことになる。そのとき、常に覚えておいてほしいことがある。それは「行動せよ」だ。

人はいろんなことを考える。どんなすばらしいビジネスモデルを考えたとしても、行動に移らなければただの絵に描いた餅だ。

ある程度考えたなら迷わず行動せよ。動き始めてから軌道修正をしながら前に進めばいい。多少の失敗は付き物だ。致命傷でなければ大丈夫だ。

幸いなことに、致命傷を負った私でも、こうして幸せに暮らせることを君たちは側で見てわかっている。

行動しないで悔いても仕方ない。とにかく人生至る所に好機がある。好機と思えば、まず動いてみることだ。

最後に君たちにもう一つ伝えておきたいことがある。それはいくつになっても「素直」でいてほしいということだ。人の話を素直に聞いてほしい。私が親子経営コンサルタントとして出会った経営者、後継者の中で、素直に私の話を聞いてくれた方はその後仕事がうまくいっている。あれやこれやと言いながら、私の話を素直に聞き入れることができなかった方は相変わらずの体でいる。

以前、事業経営をしていたころ、青年会議所の後輩が私にアドバイスを求めてくることがあった。そのとき私の話を素直に聞き、愚直に実践した彼はその後事業を大きくした。その後輩が今も人に話しているという。「あのとき大石先輩の言うことを素直に聞くことができたから今の自分と会社がある」と。

誰の話でも聞けと言っているのではない。人の話を素直に聞く姿勢を持ち続けるということだ。人の話の中に、自分の心が自然と反応することがある。そのときの自分の気持ちを大事にしてほしい。アドバイスする側は相手の立場に立ち、客観的に冷静に話している。そうすることが今の段階で正解だと思えることをアドバイスとして伝えている。聞く側が素直に聞くことさえすれば、あとは愚直に実践すればいい。当然のこととして高い確率でうまくいくことになる。

同じ人の同じ話を聞いても、それを素直に聞く者と聞けない者とがいる。君たちはいくつになろうと、「素直な心」でいてほしいと心から願っている。

《著者プロフィール》

大石 吉成（おおいし・よししげ）

1956 年、兵庫県淡路島生まれ。同志社大学法学部卒業。
現在、ビジネス・イノベーション・サービス㈱取締役社長。

大学卒業と同時に家業である建設資材商社に入社。30 歳で代表取締役となり、順調に事業を拡大し、沖縄から北海道まで支店、営業所網を敷く。M&A や新規事業により、グループ売上 115 億円を超すも、2010 年、負債総額 45 億円にてグループ各社法的整理。2011 年、友人、知人の支援によりビジネス・イノベーション・サービス㈱設立。

事業経営者時代、日本全国はもとより世界 30 数か国を飛び回り、グローバルな視野で企業活動を捉えるビジネスセンスは当時から評価された。常に「トップ営業」を信条として事業拡大に努め、引き継いだ家業を 10 倍にすべく邁進するも、目標到達間近に白血病を患い、メイン金融機関の引き締め等によりあえなく倒産。人生の大きな挫折を経験した。

現在、数社の顧問をしながら親子経営コンサルタントとして活躍。経営者、後継者に自らの体験と数多くのコンサルティング現場から導き出した「親から子へ　失敗しない経営継承の極意」を伝授している。また、後継者に業務改革の指揮を取らせてイノベーションを起こさせるプログラムを開発している。近年は講演活動を積極的に行い、好評を博している。

著書に『親子経営　その「働き方改革」では会社を壊します』、『親子経営　中国古典「大学」から学ぶ 32 の成功法則』、『親子経営　ダメでしょモメてちゃ』（以上、セルバ出版）、『親から子へ　失敗しない事業継承　5 × 7 つのポイント』（ギャラクシーブックス）等がある。

◆ビジネス・イノベーション・サービス株式会社
http://www.innovate-s.com

■書籍コーディネーター　㈲インプルーブ　小山睦男
■カバーデザイン　㈱オセロ　熊谷有紗

幸せは不幸な出来事を装ってやってくる

2020年10月1日　初版　第1刷　発行

著　者　大石吉成
発行者　安田喜根
発行所　株式会社 マネジメント社
　　　　東京都千代田区神田小川町2－3－13
　　　　M&Cビル3F（〒101－0052）
　　　　TEL 03－5280－2530（代表）　FAX 03－5280－2533
　　　　http://www.mgt-pb.co.jp
　　　　印刷　中央精版印刷株式会社

ISBN978-4-8378-0499-4 C0034
定価はカバーに表示してあります。
落丁本・乱丁本の場合はお取り替えいたします。